KB214175

성령님, 오늘은 어떤 넥타이를 맬까요?

성령님, 오늘은 어떤 넥타이를 맬까요?

지은이 | 설진국

편집 | 이태준

펴낸이 | 원성삼

책임편집 | 김지혜

표지 디자인 | 변현정

펴낸곳 | 예영커뮤니케이션

초판 1쇄 발행 | 2016년 2월 29일

등록일 | 1992년 3월 1일 제2-1349호

주소 | 136-825 서울시 성북구 성북로6가길 31

전화 | (02)766-8931

팩스 | (02)766-8934

홈페이지 | www.jeyoung.com

ISBN 978-89-8350-934-5 (03230)

값 11,000원

이 도서의 국립중앙도서관 출판예정도서목록(CIP)은 서지정보유통지원시스템 홈페
이지(http://seoji.nl.go.kr)와 국가자료공동목록시스템(http://www.nl.go.kr/kolisnet)에서
이용하실 수 있습니다.(CIP제어번호: CIP2016002312)

모든 인간은 하나님의 형상을 닮은 존엄한 존재입니다. 전 세계의 모든 사람
들은 인종, 민족, 피부색, 문화, 언어에 관계없이 존귀합니다. 예영커뮤니케이
션은 이러한 정신에 근거해 모든 인간이 존귀한 삶을 사는 데 필요한 지식과 문화를 예
수 그리스도의 사랑으로 보급함으로써 우리가 속한 사회에 기여하고자 합니다.

성령님, 오늘은 어떤 넥타이를 맬까요?

설진국 지음
이태준 편집

예영커뮤니케이션

성도의 눈에 비친 설진국 목사님의 삶

'설진국 목사님' 하면 바로 떠오르는 단어들이 있다. 고난, 순종, 믿음, 사랑, 성령, 축복, 사모의 기도 이렇게 일곱 단어로 그분의 삶을 요약할 수 있다.

첫째, 그분의 삶은 고난의 삶이었다.

물론 목사님의 현재의 삶 역시 고난의 삶으로 보인다. 목사님은 그렇게 생각하지 않고 늘 하나님께 감사하며, 다 하나님의 은혜로 살고 있다고 말씀하신다. 목사님과 6년 동안 함께 신앙생활을 하면서 그 말씀이 사실임을 누구보다도 잘 알고 있다.

목사님이 주의 길을 가기로 결심했을 때 앞으로의 삶에서 기다리는 것은 하나님의 축복이 아니라 시험과 고난이었다. 잘 먹지 못해 저혈압으로 쓰러지는 아내를 보면서 해 줄 수 있는 것은 오직 하나님 앞에 무릎 꿇고 "하나님! 나의 형편과 처지를 아시지요." 하고 기도하는 것 외에는 다른 방법이 없었다고 한다. 어린 자녀 셋의 하루 끼니를 걱정해야 했고, 옷을 사 입힐 돈이 없어서 남에게 얻은 옷을 입힐 수밖에 없었다. 가족을 조금이라도 더 먹이기 위해 입 하나라도 줄여야 한다는 마음에 늘 금식으로 살아야 했다.

삼각산에서 밤을 새워 기도하고 새벽에 내려와 집으로 가기 위해 서울역에서 버스를 기다리는 데 가게에서 따끈한 우동을 팔고 있었다. 김이 모락모락 나는 우동 국물을 보면서 '저 우동 한 그릇 먹으면서 언 몸을 녹이고 허기를 채우면 얼마나 좋을까?' 하는 마음이 간절했지만 주머니에는 차비 외에 우동 한 그릇 사 먹을 돈이 없어서 침만 삼켜야 했다. 그렇게 하나님은 목사님을 낮은 곳에서 인내하면서 오직 하나님만 의지하게 만드셨다.

교회 관리 일을 하면서 숙식을 제공받고 사례금 18만 원을 받던 삶을 하나님이 다 내려놓게 하시고, 가지고 있는 전 재산인 단 돈 200만 원으로 교회를 개척하라 하셨다. 그 돈으로 신림동 지하 18평에서 교회를 개척했다. 교회만 개척하면 하나님이 바로 더 큰 교회를 세워 주시고 물질의 축복도 주실 줄 알았다. 하지만 기다리고 있는 것은 햇살 한 줄기 들어오지 않는 지하 18평의 삶이었다.

잠을 잘 때 뭐가 왔다 갔다 해서 깨어 보니 쥐들이 가족들이 잠자는 방을 마치 자기들 놀이터 마냥 헤집고 다니는 것이었다. 쥐가 왔다 갔다 하는 방에서 아내와 딸들은 차라리 깊은 잠에 빠져 쥐가 다니는 것을 알지 못하게 해 달라고 기도하면서 잠을 청할 수밖에 없었다.

비가 오면 지하실이 물에 잠겨 도저히 잘 수가 없어서 뜬 눈으로 밤을 새워야 했다. 장마나 태풍이라도 오는 날에는 지하로 내려오는 빗물에 마냥 철야 기도를 할 수밖에 없었다. 아직 어린 자녀들에게 지하의 습한 공기와 곰팡이는 피부를 파고 들었다. 뽀얀 피부를 가져야 할 어린 딸들의 얼굴과 몸에는 버짐이 가실 날이 없었다. 아직도 딸들에게 남아 있는 피부병의 흔적을 보면 그때 당신이 받은 고난 때문에 마냥 예쁘게만 자라야 할 딸들에게 지울 수 없는 상처를 준 것만 같아서 미안한 마음이 든다고 하신다.

하나님을 알게 되고, 주의 길을 가야 한다는 것을 알게 되었을 때부터 하나님은 고난과 시험을 통해 온전한 주의 종으로 만들어 가셨다. 하나님은 종에게 제일 먼저 무릎 꿇는 것부터 가르치셨다. 낮에는 교회 일을 하고, 신학 공부를 하고, 밤에는 삼각산에서 기도를 시키셨다. 삼각산은 대림동에서 버스를 타고 한 시간, 다시 정상까지 걸어서 한 시간을 올라가야 하는 길이었다. 하나님은 당신의 종이 무릎 꿇고 밤새도록 기도하면서 온전히 하나님만을 의지하기를 원하셨다. 비가 오면 비를 맞고 기도를 해야 했다. 영하의 날씨에 산에서 부는 칼바람 때문에 체감 온도가 낮아져 동상에 걸리지 않게 비닐을 뒤집어쓰고 비닐 하나에 의지하며 기도했다. 그렇게 14년 동안 기도했다.

성령님, 오늘은 어떤 넥타이를 맬까요?

하루는 비가 너무 많이 쏟아져서 쉬고 싶은 마음에 기도하러 산에 가지 않았다. 집에서 잠을 자고 날이 밝아서 잠에서 깨어 몸을 일으키려 하는데 몸이 말을 듣지 않는다. 몸의 일부분에 마비가 온 것이다. 아직 젊은 나이의 아들이 마치 노년의 할아버지같이 몸을 절뚝거리면서 걷고 있으니 어머니는 기가 막힐 노릇이었다.

"아이고! 그렇게 유별나게 밤에 가서 추운데 기도하더니 드디어 풍이 왔네. 이 미련한 놈아! 이제 다시는 기도하러 산에 가지 마라."

하지만 목사님은 왜 자기에게 이렇게 마비가 왔는지 이유를 알고 있었다. 하나님은 비가 오는 날에도 기도하라는 감동을 주셨는데 순종하지 않았다. 비록 몸 절반이 마비되었지만 이대로 포기하고 불구자로 살 수는 없었다.

"엄마, 나 가방 좀 매 줘."

"가방은 왜?"

"산에 가서 기도하게."

"아니, 얘가 미쳤나. 몸이 그래 가지고 어떻게 산에 가서 기도를 해. 너 죽으려고 환장했냐."

"아니야. 나 죽더라도 산에 가서 기도하다 죽을거야."

결국 가방을 챙기고 마비된 몸으로 다시 산으로 기도하러 갔다. 몸이 건강할 때는 몰랐는데 몸이 마비가 되니까 버스 정류장까지 걸어가는 일이 만만치 않았다. 반이 마비된 몸으로 한 시간 버스를 타고 가

것과 어떻게든 버스를 타고 가더라도 그 몸으로 산 정상까지 올라간다는 것은 불가능한 일이었다.

그러나 순종하지 않아서 하나님이 이렇게 반신불수로 만든 것을 누구보다 더 잘 알고 있기에 하나님이 두려워서라도 순종할 수밖에 없었다. 비록 순종하는 마음으로 다시 삼각산을 향했지만 역시 남들과 같은 나약한 인간인지라 '정말 내가 산에서 밤이슬 맞으며 기도하다 이렇게 불구가 된 게 아닐까?' 하는 마음에 집으로 돌아갈까 하는 생각도 들었다. 자신의 생각과 계속해서 싸우며 결국은 버스에 올라탔다. 반신불수의 몸으로 버스에 힘겹게 올라타서 요금을 간신히 내고 앉을 자리를 찾아 뜻대로 움직이지 않는 몸으로 걸어가고 있는데 갑자기 몸이 가벼워지는 느낌이 왔다. 그러더니 새벽부터 반나절동안 마비되었던 몸이 조금씩 펴지기 시작하면서 몸의 모든 부분이 의지대로 움직이기 시작했다. 그때의 기쁨이란 말로 표현할 수 없었다. 결국 그 일을 계기로 목사님은 더욱 하나님 앞에 무릎 꿇고 하나님을 경외하며 겸손해질 수밖에 없었다.

미국 텍사스 킬린에서 한인 교회 집회를 인도할 때 있었던 일이다. 그곳에 군인 출신들이 많이 있었다. 그들 앞에서 말씀을 전하는 데 한국에 있을 때 사단장 한 분이 열심히 군대에 복음을 전하던 생각이 났다. 그래서 강대상에서 군에 대한 이야기를 했다.

"여러분 자녀들도 군대에 갔다 왔겠지만 군대가 복음이 꼭 필요한

성령님, 오늘은 어떤 넥타이를 맬까요?

곳입니다. 그런데 아직 교회가 없는 군대가 많습니다. 내 자녀가 교회 없는 곳에서 이 년 넘게 예수님을 등지고 산다는 것을 상상해 보세요. 혼자 힘으로 군대에 교회를 세우기는 어렵습니다. 우리가 조금씩 동참해서 돕는다면 한국의 모든 군대에 교회를 세울 수 있습니다. 저도 이번에 받는 사례비를 모두 군대 교회 건축에 바치겠습니다."

말씀을 전하고 강대상에서 내려왔다. 그곳에서의 집회를 마치고 미국 다른 곳을 둘러보니 교통비와 숙박비로 사례비를 모두 써 버렸다. 남은 돈이 없어서 군대 교회 건축을 위한 헌금을 할 수가 없었다. 그렇게 미국 집회를 마치고 한국으로 돌아왔다. 교회에서 금요 예배를 인도하고 토요일이 되었는데 갑자기 칼로 배를 긋는 듯한 고통이 오기 시작했다. 배가 너무 아파서 집에서 데굴데굴 굴렀다. 병원에 갔더니 담석증이라고 하면서 지금 당장 수술하지 않으면 목숨이 위험할 수도 있다고 한다. 이런 위급한 상황이라면 누구나 당장 응급실에 가서라도 수술을 했을 것이다. 하지만 목사님은 질병을 전혀 내리지 않겠다고 약속하신 하나님이 이런 고통을 주셨다면 분명히 하나님과 목사님 사이에 막힌 것이 있다는 것을 깨닫고 하나님 앞에 기도했다.

"아버지, 제가 무슨 죄를 지었나요? 만약 저에게 죄가 있다면 차라리 저를 죽여 주세요. 너무 아파요."

갑자기 마음속에 군대 건축헌금 생각이 났다. 분명히 미국 텍사스 킬린에서 받은 사례비를 군대 건축헌금으로 드린다고 약속을 했는데 사례비를 여행 경비로 다 썼다는 이유로 순종하지 않았다. 아내에게 당장 돈을 찾아서 그 군대 지휘관에게 교회 건축헌금으로 주라고 했다. 아내도 다급해서 바로 돈을 부쳐 주려고 전화를 했다. 그랬더니 군 지휘관이 군인은 개인에게 돈을 받으면 안 된다고 하면서 거절을 했다. 남편은 아파서 죽는다고 데굴데굴 구르고 있고, 돈을 받아야 할 분은 돈을 받지 않겠다고 하니 어떻게 하지를 못하고 안절부절하고 있었다. 어떻게든 작정한 건축헌금을 주어야 한다는 마음에 군 지휘관 아내에게 전화를 해 아내 분의 계좌번호를 알려 달라고 해서 그 계좌로 건축헌금을 드렸다. 돈을 부치자마자 언제 그랬냐는 듯이 목사님 배의 통증이 사라졌다.

둘째, 그분의 삶은 순종의 삶이었다.

전 세계에 복음을 전하라는 하나님의 명령에 순종하여 인구가 가장 많고 아직 복음이 잘 전해지지 않은 중국을 향했다. 중국이 많이 개방되었다고 하지만 정부는 아직도 종교에 대해서 특히 기독교를 적대시한다. 그리고 외국인이 선교하는 것에 대해 아주 폐쇄적이다. 환경과 여건으로는 한국인 목사 신분으로 중국에서 복음을 전하는 것은 쉬운 일이 아니다. 잡히면 범법자로 감옥에 갈 수도 있다. 그렇다고 하나님이 주신 명령에 불순종할 수 없었다. 신분을 감추고 중국에 입국을 해서 공안을 피해 교회가 아닌 공장 창고 같은 곳에서 복음을 전했다. 공안이 온다는 정보가 입수되면 바로 짐을 싸서 장소를 옮겨야 했다.

한번은 중국 교회에서 복음을 전하다 공안이 왔다는 말에 화장실에 있는 옷장 같은 곳에 들어가 한참을 숨어 있어야 했다. 그렇게 위기를 모면하기가 여러 차례였다. 중국에 가면 늘 살얼음판을 걷는 마음으로 한시도 긴장을 놓을 수가 없다.

그러다 결국 복음을 전하다 공안에 잡혀 철창 신세를 졌다. 당시 중국은 외국인도 중국법에 저촉되면 대사관에 통보 없이 현지법에 따라 감옥에 가뒀다. 때로는 재판 없이 평생을 감옥에 가두어 놓기도 했다. 중국 정부가 싫어하는 선교를 했으니 바로 풀려나기는 물 건너 간 일이다. 그런데 이상하게도 마음은 편했다.

'내가 바울처럼 복음을 전하러 다니다가 투옥되었으니 하나님이 알아서 하시겠지. 여기서 죽으면 내가 복음 전하다 순교했으니 나는 천국에서 예수님을 만나서 이생의 고난을 마치고 영원한 안식을 누려야겠다.'

지금까지 주님의 말씀을 순종하며 힘겹게 중국에서 선교했던 것들이 생각나며 이제 하나님 만날 것을 생각하니 오히려 마음이 편하고 가벼워서 살며시 미소를 머금고 있었다. 그러자 그곳 관리자가 "이봐 당신 웃지 마. 왜 웃어."라고 중국어로 소리를 질렀다. 그러건 말건 목사님은 미소를 머금고 마음이 평안했다. 아직 목사님이 중국에서 당신의 사명을 다 마치지 못했는지 하나님은 앞으로 더 많은 일을 하라고 사람을 통해 그날 바로 그곳에서 나오게 하셨다.

그 후로 목사님은 중국의 위험인물 명단에 올라가 있어서 중국에 갈 때마다 신분을 감추어야 했다. 언제라도 공안에 잡히면 실형을 살 수 있는 처지이다. 그런데도 지금까지 끊임없이 하나님이 중국에 가라고 하면 조금의 망설임 없이 하나님께 순종하여 중국에 복음을 전하러 가신다.

중국 목회자 한 분이 목사님에게 티베트에서 하나님 만나기를 간절히 기다리는 영혼들이 있다고 같이 가자고 했다. 티베트는 고산지대로 일반인도 저산소증으로 쓰러질 수 있는 곳이다. 전부터 병원에서 혈압이 높다는 진단을 받았고 뇌출혈로 현재 머리에 피가 고여 있는 상태에서 고산지대인 티베트에 들어간다는 것은 목숨이 위태로울 수 있는 일이다. 목사님은 티베트에 당신을 만날 영혼이 기다리고 있다는 말에 하나님께 기도해 보고 하나님의 명령이 떨어지자 전혀 망설임 없이 가겠다고 하셨다.

출발하기 전까지 성도들이 만류했지만 성령이 가라고 하신다고 하면서 못갈 것 같으면 애초에 성령님이 보내지도 않으신다고 홀로 티베트를 향하셨다. 비행기를 타고 중국에 도착을 해서 다시 비행기를 10시간 타고 국경까지 가서 다시 기차를 24시간 타고 티베트를 향했다. 기차는 끊임없이 높은 산악 지대로 올라갔다. 산악 지대로 올라갈수록 두통이 오고 혈압이 높아지면서 온 몸에 고통이 느껴졌다. 결국 티베

성령님, 오늘은 어떤 넥타이를 맬까요?

트에 도착하기도 전에 두통과 산소 부족으로 쓰러져서 병원에 실려 갔다. 도저히 혼자 힘으로는 숨을 쉬기조차 힘겹고 밀려오는 두통을 견딜 수가 없었다. 고통 속에서도 당신은 오직 성령의 지시에 순종해서 이곳에 왔고, 여기서 죽는다면 하나님이 나를 여기까지 보내지도 않으셨다고 굳게 믿었다. 육신과 혼의 생각은 도저히 버텨 내지 못하는 상황에서 오직 성령의 인도하심에 의지했다. 산소통에서 전달되는 산소를 흡입기를 통해 힘겹게 마시고 거친 숨을 내쉬면서 기차에 누워 티베트를 향했다. 그렇게 성령의 인도하심으로 우여곡절 끝에 티베트에 도착해서 한 주 동안 하나님이 예비하신 영혼을 만나 복음을 전하고, 다시 중국에 와서 복음을 전하고, 두 주 만에 건강한 모습으로 한국으로 돌아왔다.

어느 날은 내전 중인 르완다에 의약품을 전해야 한다는 마음의 감동을 받았다. 하나님이 주신 1억 원의 선교비로 의약품을 사서 그곳에 필요한 사람에게 전하기 위해 목사님 부부가 아프리카로 향했다. 어느 지역에 그리고 어느 사람에게 의약품을 주어야 하는지도 모른 채 오직 의약품을 전해야 한다는 성령의 지시에 순종하여 목사님 부부가 그곳을 향했다.

아프리카에 도착을 했지만 르완다는 이미 내전 중이어서 일반인이 그곳에 들어갈 수 있는 교통편이 없었다. 우리 같으면 의약품을 근처 다른 선교 단체에 주고 돌아오겠지만 성령의 도우심이라면 반드시 그

길도 하나님이 예비하셨음을 믿었다. 교통편을 수소문을 하던 중 미군 군용비행기가 그곳에 간다는 것을 알게 되었다. 영어 한 마디 못하는 부부가 미군에 부탁을 해서 군용비행기에 몸을 실었다. 군용비행기를 타고 르완다로 향하는데 현지인들이 비행기에 총격을 가했다. 비행기 안에는 온통 비행기를 스치는 총알 소리로 가득했다. 죽으면 죽으리라는 마음으로 순종하여 결국은 그곳에 의약품을 위해 간절히 기도하고 있던 캐나다 선교사를 만났다. 그분에게 의약품을 전하고 대량 인종학살이 자행되기 전날 캐나다 선교사의 도움으로 그곳을 탈출했다.

셋째, 목사님의 삶은 사랑의 삶이었다.

처음 이 교회에 왔을 때 나는 누가 옆에서 툭 치면 바로 쓰러지기 일보직전이었다. 그만큼 육체와 영혼은 지쳐 있었다. 목사님은 처음 보는 나를, 그것도 당신 교인도 아닌 나를 위해 기도해 주셨다. 여기서 기도는 방송에서 아픈 사람을 위해 목사님들이 기도해 주는 그런 기도가 아니었다. 전심을 다해 날 위해 해 주는 기도였다. 육신이 지쳐 있는 나는 오히려 목사님이 무슨 기도를 했는지도 잘 모르고 그냥 담담히 기도를 받았다. 한참 기도를 받다가 눈을 뜨고 목사님을 쳐다보았다. 목사님은 거친 숨을 쉬면서 얼굴에는 온통 땀으로 젖어 있었다. 내 상식으로는 목사님 교회의 교인도 아니고 또 처음 보는 사람에게 어떻게 저렇게 온 힘을 다해 자신의 진이 다 빠져 나갈 정도로 기도를 해

성령님, 오늘은 어떤 넥타이를 맬까요?

줄 수 있을까 하는 생각이 들었다. 목사님이 특별히 나에게만 그렇게 혼신을 다해 기도해 주신 줄 알았는데 그게 아니었다. 누구든지 질병과 삶의 문제를 가지고 하나님을 만나기 위해 찾아온 사람에게 목사님은 이것저것 따지지 않았다. 비록 자신의 양이 아닐지라도 위기에 빠진 양을 위해 하나님의 양을 돌보는 목자로서 전심으로 기도해 주셨다.

목사님은 치유의 은사를 받아서 그 은사를 사용하기 위해 최선을 다 하셨다. 전국을 다니면서 질병으로 고통 받는 사람이라면 기독교인이든 아니든, 부자든 가난하든, 그 어떤 조건도 따지지 않고 당신을 필요로 하는 사람들을 찾아가서 기도해 주셨다. 지금도 목사님은 우리 교인이 아닌 사람이 암, 백혈병, 우울증, 정신질환 질병을 고침 받기 위해 찾아오면 누구도 외면하지 않는다. 몇 시간, 몇 날, 몇 달이라도 그들의 문제를 들어주고 함께 기도해 주셨다. 특히 병원에서도 포기한 사람들을 만났을 때는 몇 시간 동안 질병의 치유를 위해 기도해 주셨다. 하루로 안 될 때는 며칠을 찾아가서 그 영혼을 위해 기도하셨다.

한 번은 40대되는 여자 분이 목사님을 찾아왔다. 다섯 살 때부터 정신적인 문제를 안고 수차례 자살을 시도하다가 오산리기도원에서 목사님 설교를 듣고 목사님을 찾아가면 치유받을 것 같다는 믿음이 생겨서 무작정 찾아왔다고 한다. 어떻게 보면 당황스러운 일이지만 목사님은 하나님이 보낸 한 영혼을 소홀히 할 수 없다는 마음에 그 여자 분을 받아 주고 교회에서 먹고 자게 하면서 수시로 기도해 주셨다. 교회에 한 달 이상을 머물면서 정신적인 문제들이 많이 좋아졌다. 건강도 조금씩 회복되어 갔고 영적으로도 성장하여 갔다. 그러나 안타깝게도 영이 성장하자 사탄이 이 여자 분을 가만히 내버려 두지 않고 교만한 마음을 집어넣었다. 마음에 교만이 들어오자 목사님 말에 불순종하기 시작했고 교회에서도 문제를 일으켰다. 그리고 어느 날 아무 말 없이 교회를 떠났다. "목사님 은혜 잊지 않겠습니다."라는 휴대폰 문자만 남기고 소리 없이 떠났다. 목사님의 배려로 교회에서 이 여자 분이 머무는 동안 숙식, 옷 등 모든 것을 제공해 주었다. 무료로 한 달 이상을 먹여 주고 잠자리까지 교회에서 챙겨 주었다. 그렇게 사랑으로 돌보아 주었는데 결국은 목사님 말에 불순종하고 아무 말 없이 떠났다. 우리 같으면 그 배신감에 분해서 저주의 말과 정죄의 말이 나왔겠지만 목사님은 그렇지 않았다. 목사님은 강대상에서 성도들에게 그 영혼을 미워하지 말고 사랑하자고 부탁하셨다. 교회에서 전도사님과 집사님 그리고 다른 사람이 그분을 보살펴 주었기 때문에 목사님뿐만 아니라 많은 성도가 배신감을 느낄 수 있었기 때문이다.

"하나님이 보낸 영혼인데 우리가 잘 대접해 주고 사랑으로 돌보아 주었으면 되었습니다. 아무도 그분을 정죄하지 맙시다."

목사님은 오히려 그 여자 분이 완전히 치유 받고 영이 장성하여 스스로 신앙을 지킬 수 있을 정도까지 당신이 돌보아 주지 못한 것을 못

내 아쉬워했다.

중국 한족 26명이 일주일 동안 우리 교회에 방문을 하였다. 일주일 동안 목사님은 그들에게 복음을 전하고 같이 기도해 주고, 상담해 주셨다. 일주일 동안 모든 숙박과 식사, 교통편을 교회에서 다 제공하고 그분들과 함께하셨다. 그 먼 중국 땅에서 자기 신앙을 세우기 위해 한국에 방문한 그 영혼을 너무 사랑해서 본인 사비를 털어서까지 그들을 대접하셨다. 형편이 어려워 한국에 오지 못한 사람들이 많다는 말을 들었을 때는 왜 이야기하지 않았냐며 오히려 화를 내셨다. 미리 알았다면 어떻게든 비행기 값을 대줄텐데 왜 그 갈급한 영혼이 시험에 들게 했냐고 하면서 중국 사역자를 혼내셨다. 교회에 여력이 없으면 본인이 직접 비행기 값을 대줄테니 다음에는 꼭 그런 영혼들이 있으면 목사님에게 말하라고 했다.

넷째, 목사님은 오직 믿음으로 사셨다.

목사님을 처음 만났을 때 문제와 질병을 가지고 온 나에게 "문제가 풀어집니다. 병마가 사라집니다. 성령 충만이 임할지어다."라고 하셨다. 어려움 속에 있는 나는 위로의 말과 해결 방법을 알려 주시기를 원했다. 하지만 목사님은 오직 믿음으로 선포하셨다. 당시에는 참 답답했다.

'지금까지 해결되지 않던 문제가 어떻게 갑자기 그렇게 말 몇 마디에 해결될 수 있을까? 역시 목사님도 나에게 큰 도움을 주지 못하시는구나. 이제 나는 누구를 의지해야 하지.'

괴로운 마음속에 갈 바를 몰라 힘들어 하는 나에게 목사님은 계속 "집사님! 하나님이 반드시 해결해 주실 거야. 믿고 기도해."라고 끊임없이 격려해 주셨다.

그 후 6년이 지난 지금 목사님의 말씀대로 많은 것들이 이루어졌다. 지금까지 나를 괴롭혔던 병원에서도 해결하지 못하던 질병의 문제가 해결이 되어 가고 있다. 8년 동안 수시로 입원과 퇴원을 반복하면서 병원과 약 없이 살 수 없던 내가, 이젠 약을 줄이고 고통이 와도 인내하며 정상적인 생활을 하고 있다. 물론 지금도 당시와 같은 고통이 간혹 오면 교회에 가서 하나님 앞에 홀로 무릎을 꿇는다. 그때마다 하나님은 위로해 주시고 인내할 힘을 주신다.

목사님이 신앙을 갖기 전에 여의도순복음교회에서 전혀 모르는 여자 분과 이OO 목사님에게 말세에 사용할 주의 종이라는 예언의 말을 들었다. 그 말씀을 믿고 신앙을 갖게 되면서 "앞으로 너는 전 세계에 복음을 전하러 다닌다."라는 하나님의 음성을 들었다. 그리고 피OO 목사님이 세계 여러 나라에 선교하러 다니심을 보면서 지구본을 잡고 "전 세계를 다닌다고 하신 하나님! 주님이 말씀하시면 제가 어느 나라라도 주님이 가라는 곳에 가서 복음을 전하겠습니다."라고 믿음의 선포를 하셨다. 그렇게 선포하고 나서 영어는 헬로우와 땡큐 밖에 모르시는 분이 미국, 캐나다, 러시아 등 전 세계 50개국 이상의 나라에 복음을 전하러 다니셨다.

목사님은 전국 각지로 집회를 인도하러 다니기 때문에 한 달에 수천 킬로미터의 거리를 다녀야 했다. 그러다 보니 차에서 보내는 시간이 많다. 본 교회에서 주일 저녁 예배를 마친 후 늦은 시간에 멀리 부산, 광주, 광양, 포항, 진주까지 가서야 했다. 운전을 하는 사람을 동행하고 가시면 좋으련만 혼자 다니는 것이 편하다고 하시면서 늘 혼자 늦은 밤에 운전을 하고 다니신다. 고속도로를 타고 정해진 시간에 도착해야 하는 장거리 운전이 잦다 보니 차에 조그만 고장이라도 나면 생명과 직결된 문제가 생길 수 있고 부흥회 스케줄에 차질이 생길 수도 있었었다.

그래서 차 문제를 가지고 기도하던 중에 하나님이 검은색 차를 보여 주셨다. "아들아! 이것이 너를 위해 준비한 차다." 하면서 세세한 모양까지 다 보여 주셨다. "아멘!" 하고 믿음으로 하나님의 응답을 받으셨다. 그리고 오직 주의 말씀에 순종하여 국내 각처와 전 세계를 다니면서 복음을 전했다. 그렇게 10년이 지나고 어느 날 하나님이 목사님에게 보여 준 검은 차를 주셨다. 물론 중간중간에 하나님이 필요한 차를 주셨는데 당신이 직접 보여 주신 차는 10년의 기다림을 통해 주셨다. 응답받고 10년이 지나도 이루어지지 않으면 중간에 포기하고 잊어버리고 있겠지만 목사님은 한시도 하나님의 응답을 의심하지 않았다.

오직 믿음으로 기다리셨다. 결국 하나님이 당신의 믿음을 보고 그대로 이루어 주셨다.

교회 건축에서도 목사님의 믿음은 동일했다. 교회 건축을 위해 50억을 준다는 하나님의 응답을 받고 당신은 그 응답이 100퍼센트 이루어질 것을 믿고 기다렸다. 50억이라면 일반인은 상상도 할 수 없는 큰돈이다. 교회에 큰 기업을 운영하는 성도가 많이 있고 교회가 부자 동네에 위치하고 있다면 충분히 기대할 수 있는 금액이다. 하지만 당시 우리 교회는 가난하기로 유명한 난곡동에 위치하고 있었다. 성도들 역시 그 정도의 재력을 가지고 있는 사람이 없었다. 일반 사람들보다도 형편이 더 어려운 성도들이 더 많았다. 목사님은 사람과 환경을 보지 않았다. 오직 교회 건축을 해 주시겠다는 하나님의 응답만 믿고 기도하셨다. 그리고 결국 전혀 예상에 없던 분을 통해 50억이라는 돈으로 교회 건축이 이루어졌다. 그리고 지금은 서울 시내에 그것도 재개발 부지에 1,200평이라는 넓은 땅을 주셨다.

예수님이 늘 말하시던 "네 믿음대로 될지어다."라는 말씀처럼 목사님은 하나님의 응답에 한 치의 의심도 없이 완전히 믿었다. 때로는 너무 순진하고 어린 아이 같아서 곁에서 지켜보는 성도들이 답답해 보이기도 했지만 하나님은 목사님의 믿음대로 모든 것을 이루어 주셨고 지금도 이루어 주시고 계시다.

다섯째, 목사님의 삶은 성령이 인도하는 삶이었다.

이십여 년 전 단 돈 200만 원으로 교회를 개척하라는 하나님의 음성을 들었다. 목사님은 너무나 황당해서 어떻게 해야 할지 방법을 찾을 수가 없었다. 그 돈으로는 어디 가서 세를 얻을 수도 없었다. 그래도 하나님의 지시라 여기저기 알아보았지만 도저히 그 돈으로는 교회를 얻을 수가 없었다. 다른 사람 같았으면 응답을 잘못 받았으려니 하고 중간에 포기했을 것이다. 하지만 목사님 부부는 모든 것을 주님께 맡겼다. 교회를 개척하는 것이 하나님 뜻이라면 교회 역시 하나님이 알아서 해 주시리라 생각했다. 교회를 알아보던 것을 멈추고 하나님께 매달렸다. 결국 자신의 힘으로는 얻지 못했던 교회를 성령이 역사하여 200만 원보다 훨씬 더 적은 돈으로 교회를 얻어 주셨다.

중국 교회에 목사님과 교회 성도들 몇 명이 복음을 전하러 갔는데 마지막 날 성령님이 빨리 피하라는 감동을 주셔서 복음을 전하던 장소를 떠나 성도 가정에서 복음을 전하고 있는데 그날 누군가의 신고로 중국 공안이 교회로 들이닥쳤다. 성도들은 이미 모두 피해 있었고 교회 안에는 조용히 식사하는 사람들만 몇 명이 있었다.

또 한 번은 중국에 가기로 날짜가 정해져 있었는데 목사님이 날짜를 착각하셔서 하루 늦게 중국에 들어갔다. 알고 보니 원래 가기로 한 날 누군가가 그 교회에 한국 목사가 와서 설교한다는 신고를 해서 공안이 잡으러 왔는데 아무도 없어서 허탕을 쳤다. 그리고 다음날 입국

해서 아무 일 없이 집회를 마쳤다.

교회 집사님 한 분이 지방에 있는 딸이 출산을 한다고 지방에 내려가게 되었다. 그 집사님이 목사님을 찾아와서 당분간 딸네 집에 가서 출산을 돕고 아이를 돌보아 주어야 하기 때문에 당분간 교회를 비울 것 같다고 말하러 왔다. 전후 사정을 듣고 목사님이 기도해 주시면서 대뜸 이렇게 말씀하셨다.

"집사님, 하나님이 일주일이면 돌아온다고 하시네요."

딸이 출산하고 갓난아기를 돌보아 주려면 최소 두 달은 걸릴 것 같은데 일주일 만에 돌아온다니 말도 안 된다고 속으로 생각하면서 딸네 집에 갔다. 출산은 여의치 않았다. 아기는 약한 몸으로 태어나서 당분간 병원에 입원해 있어야 했다. 아기가 병원에 입원해 있고 산모도 어느 정도 회복이 되니까 집사님이 딱히 그곳에서 할 일이 없었다. 결국 일주일 만에 집으로 다시 돌아와서 예배에 참석했다.

일본에 선교하러 갔을 때도 일본 교회 목사님이 다른 분의 차를 빌려 와서 그 차를 타고 고속도로에 진입하려고 하는데 주유소에 들려야 힌다는 감동이 왔다. 일본 목사님은 기름이 충분하다고 하면서 주유소에 갈 필요가 없다고 안 가겠다고 했다. 그래도 목사님이 우겨서 결국 주유소에서 들어갔다. 기름을 넣던 일본 주유원이 자동차를 한번 둘러보더니 두 목사님에게 당장 내리라고 했다. 내렸더니 타이어가 마모되어 안에 있는 철사들이 밖으로 빠져나와 있었다. 주유소 직원이 이 차를 타고 고속도로에 들어가면 타이어가 터져서 차가 뒤집힌다고 했다. 결국 그곳에서 타이어를 새 것으로 갈고 안전하게 고속도로를 통해 목적지에 도착했다.

생활 속에서 세세한 것까지 성령님이 인도하시는 목사님의 삶을 보면서 우리는 하나님이 살아 계시고 성령이 역사하심을 항상 옆에서 지켜볼 수 있었다.

여섯째, 목사님은 하나님이 주시는 축복의 삶을 사셨다.

목사님의 부모님은 비록 하나님을 믿었지만 가난의 굴레에서 벗어나지 못하고 생을 마치셨다. 당신이 신앙을 갖게 되면서 왜 그렇게 십일조와 주일을 철저히 지키던 어머니가 가난해야 했는지 이해할 수가 없었다. 성경에는 분명히 예수님이 가난하게 되심은 우리를 부유케 하기 위함이라고 하셨고, 하나님은 당신의 자녀들이 남에게 돈을 꾸어 주면 꾸어 주었지, 남에게 돈을 빌리는 가난한 자가 되지 않는다고 하셨다. 그런데 왜 목사님의 부모가 예수를 믿는데도 집안이 그렇게 가난한지 이해할 수가 없었다.

신앙이 깊어지고 기도와 고난과 순종의 삶을 살면서 목사님은 그 이유를 깨닫기 시작했다. 부모님에게는 성령이 없고 오직 율법과 지식만 있었다. 자기 안에 성령이 없으니 하나님이 역사하지 못했다. 부자이신 하나님은 자녀에게 물질의 축복을 주고 싶지만 그들이 성령을 무시하니 역사하지 못했다. 그래서 목사님은 온전히 성령을 의지하고 그분의 말씀에만 순종했다. 그러자 하나님이 축복을 주시기 시작하셨다. 복음을 증거하는 곳마다 물질의 복이 넘치게 하셨다. 물질의 문제로 힘들어 하는 사람에게 물질의 문제를 풀어 주셨고, 사업의 문제를 풀어 주셨다. 물질로 죄를 지은 사람들에게 성령이 임하게 하여 그들이 물질로 온전히 하나님께 영광을 돌리게 도와주셨다. 돈으로도 고치지 못하는 질병을 가지고 있는 사람에게 하나님의 뜻을 깨닫게 함으로 질병의 문제를 해결하게 도와주셨다. 그러다 보니 자연스럽게 목사님에게도 하나님이 주시는 물질의 축복이 따라왔다.

목사님이 교회에서 받는 사례비는 10년 전이나 지금이나 같다. 하나님은 성도를 의지하지 않고 오직 주님만 바라보게 하셨다. 전국으로 복음을 전하러 다니면서 어마어마한 물질의 복을 받았다. 일 년에 십일조로 일억 원이 넘는 금액을 할 수 있게 하신 적도 있다. 교회가 성전을 옮길 때 땅을 매입했는데 건물 지을 돈이 없었다. 그러자 수년 동안 사례비로 받은 돈 전부로 지금의 교회를 짓게 하셨다. 목사님이 자신의 물질마저 다 하나님께 드릴수록 하나님은 그것보다 더 많은 것으로 채워 주셨다. 목사님은 하나님의 섭리를 몸소 많이 체험해 왔기 때문에 어떻게든 하나님께 더 드리기를 간절히 사모한다. 지금까지도 교회에서 십일조와 감사 헌금을 가장 많이 낼 수 있게 하심으로 목사님을 통해 하나님이 주시는 축복을 성도들이 눈으로 직접 볼 수 있게 해

성령님, 오늘은 어떤 넥타이를 맬까요?

주시고 계시다. 하나님은 당신에게 순종하는 종이 구하기도 전에 그 필요를 아시고 항상 채워 주셨다.

목사님이 집회 인도를 한 교회 성도들은 집회 시간에 개인의 막힌 문제들이 풀어짐을 직접 체험한 후, 이를 주변에 간증하고 다녔다. 그러자 여기저기서 목사님을 찾기 시작했다. 바쁘실 때는 한 달 내내, 월요일부터 금요일까지 집회가 잡혀서 쉴 틈 없이 전국을 다니신다. 성도가 보기에도 저렇게 하나님 일에 혼신을 다하는 모습이 보이는데 하나님은 당신 말에만 순종하는 종에게 얼마나 기뻐하시겠는가. 만약 내가 회사 사장인데 목사님 같은 직원이 있다면 그 직원이 아무 근심과 걱정 없이 오직 회사 일에 전념할 수 있도록 모든 필요한 것들을 본인이 말하지 않아도 책임져 줄 것이다. 하물며 우주만물을 창조하시고 부자이신 하나님 일에 목숨 걸고 순종하는 목사님이 필요로 하는 것을 하나님이 채워 주시지 않으시겠는가.

하나님은 목사님의 건강을 책임져 주심으로 누구를 만나든지 하나님이 살아 계심을 증거할 수 있게 하셨다. 환갑이 넘으신 나이에도 큰 병원 치료 없이 건강하게 외국과 지방으로 집회를 다니신다. 주중에는 외부에서 새벽, 오전, 오후, 저녁, 철야 집회를 인도하시고 금요일에 본 교회로 돌아와서 금요 예배를 인도하시고, 주일에는 다시 주일 예배를 인도하신다. 주일 늦은 밤에는 목사님을 필요로 하는 곳은 어디든 마다하지 않고 다니신다. 이런 삶을 수십 년 넘게 사셨는데 아직도 젊은 사람이 무색할 정도로 지치지 않고 열정적으로 하나님의 일을 하고 계신다. 목사님은 아직 주님이 주신 사명이 남아 있다면 건강도 하나님이 책임져 주실 것을 믿기 때문에 오히려 건강의 문제가 생기면 혹시라도 하나님 뜻에 어긋나는 일을 하지는 않았나 하고 두렵고 떨림으로 하나님 앞에 무릎 꿇고 기도하신다.

목사님이 한 시간 설교를 하시면 거의 30분 이상은 말씀 구절을 성도와 함께 읽는다. 처음에는 같은 구절만 외워서 하시는 줄 알았는데 6년 동안 목사님의 설교를 들으면서 성경 구절들이 도저히 사람이 외워서 나오는 것이 아니라는 것을 알게 되었다. 같은 의미의 내용을 성경 66권을 통해 전하시는 데 항상 다른 구절들이 나온다. 목사님 설교를 한 번이라도 직접 들은 사람은 다들 감탄을 하고 "목사님! 어떻게 그렇게 많은 구절을 외우세요? 방법이 뭐예요? 어떻게 외우셨어요?" 하고 여쭤 보면 본인도 모른다고 하신다. 본인은 사모님 전화번호도 외우지 못해서 뒷자리 4개만 알고 계신다고 한다. 그런 분이 강대상에 서서 말씀을 증거하면 성경 구절들이 바로바로 떠오른다고 한다. 서로 의미는 같지만 복음서와 역사서, 예언서, 서신서 등으로 구성되어 시간의 흐름이 뒤섞여 있는 성경 구절을 그렇게 많이 외우고 필요한 구절을 바로 바로 머릿속에서 찾아내는 것은 인간 스스로의 노력으로는 불가능한 일이다.

성령님, 오늘은 어떤 넥타이를 맬까요?

마지막으로 목사님은 늘 사모님과 함께 합심하고 동역하는 삶을 사신다. 성령을 먼저 받은 목사님에게 아직 성령을 모르는 사모님은 큰 부담으로 다가왔다. 목사님이 당신이 받은 성령을 사모는 왜 받지 못하냐고 하면서 늘 사모님을 구박했다. 사모님은 가뜩이나 목사님의 구박으로 자존심이 상한데 옆에서 목사님을 지켜보면 항상 성령의 인도하심이 보이고 아픈 사람을 치유하는 모습이 보였다. 그래서 사모님도 아직 하나님을 잘 모르지만 그분을 직접 만나서 하나님의 음성을 듣기를 간절히 사모했다. 하나님 만나기를 간절히 사모했지만 자녀가 셋이라 혼자 몸으로 다니기가 쉽지 않았다. 그러나 포기하지 않았다. 사모님은 하나는 손을 잡고, 하나는 업고, 하나는 안고 목사님이 기도하시는 삼각산에 가서 무릎 꿇고 기도했다. 얼마나 하나님 앞에 무릎을 꿇고 기도를 하셨는지 무릎을 보면 차마 눈으로 보기 힘들 정도로 굳은살이 박혀서 지금은 항상 무릎을 덮는 긴 치마를 입고 다니신다.

그렇게 간절히 하나님을 찾자 사모님을 만나 주셨고, 사모님도 목사의 길을 가라고 지시하셨다. 이제 막 하나님을 만난 사모님에게 주의 종의 길을 가라는 것은 아무 것도 모르고 이제 막 결혼한 새색시에게 종갓집 맏며느리로 모든 살림을 맡기는 것과 같았다. 너무나 두렵고 떨렸다.

"나 같은 사람이 그런 일을 할 수 있을까? 아닐 거야. 잘못 받았을 거야. 하나님 아시잖아요. 저는 그런 일 못해요."

본인이 부정하면 부정할수록 하나님이 더 강하게 주의 길을 가라는 음성을 들려주셨다. 방법이 없었다. 모든 것을 하나님께 맡길 수밖에 없었다.

"하나님 제가 어떤 사람인 줄 아시죠. 저의 능력으로는 아무 것도 할 수 없습니다. 제가 주의 길을 가기를 원하시면 저의 모든 것을 책임 져 주세요."

하나님이 계속해서 사모님을 만나 주셨고 하나님은 사모님의 두렵고 떨림마저 세밀하게 만져 주시면서 용기를 주셨다. 부창부수라고 사모님 역시 하나님의 지시에 순종하여 신학교를 졸업하고, 목사 안수를 받고 목회자의 길을 갔다. 지금은 셀 리더로 성도들을 섬기고, 양육자로 새신자를 가르치고, 평신도 리더를 세우는 일에 동역하고 있다.

노아가 가족만을 구원하여 방주에 태웠던 것처럼 목사님 역시 많은 사람을 전도하기보다는 가족과 주변 사람 몇으로 하는 소규모 목회에 만족하셨다. 그러나 옆에서 사모님이 "하나님이 전 세계를 다닌다고 했는데 꿈을 크게 가지셔야죠." 하면서 목사님의 지경을 넓히셨다.

당장 부부가 살 집이 필요한 상황에서 비록 돈은 없지만 근처에 너무나 마음에 드는 새 집이 보였다. 집주인이 아들 부부를 위해 멋지게 지은 집이었다. 사모님이 그 집에서 너무 살고 싶어서 하나님께 간구 했고 하나님이 주시리라 믿었다. 매번 그 집에 가서 벽을 붙잡고 기도 했다.

성령님, 오늘은 어떤 넥타이를 맬까요?

"하나님! 이 집을 주시리라 믿습니다."

주인에게 가서 당신들이 살게 해 달라고 부탁을 했다. 그러나 매번 찾아갈 때마다 주인은 아들 부부가 살집이라면서 세를 놓을 생각이 없다고 하며 거절을 했다. 결국 아들이 결혼을 했는데 며느리가 그 집이 마음에 안 든다고 해서 집이 비게 되었고 아들이 목사님 부부에게 세를 주자고 강력히 주장을 해서 결국 목사님 부부가 그 집에서 살게 되었다.

하나님의 역사하심으로 50억 원이라는 돈으로 성전을 지었다. 그런데 도로가 확장되면서 다시 성전을 옮겨야 하는 상황에서 사모님이 믿음으로 지금의 교회 부지를 알아보셨다. 난곡동 산골짜기 땅으로 그곳에는 다른 건물은 없고 "산도깨비"라는 냄새 제거제를 만드는 공장이 하나 있었다. 산골짜기라 주변에 사람들이 갖다 버린 쓰레기로 가득했다. 그 땅을 보러 온 성도들이 다들 이런 버려진 땅에 어떻게 교회를 세우냐고 하면서 그 땅은 교회 땅이 아니라고 했다. 그러나 사모님은 하나님이 주신 땅이라고 하면서 결국 그 땅을 시세보다 훨씬 저렴하게 구입했다. 지금은 그 지역이 재개발 지역으로 지정이 되어 땅값이 구입 당시 가격에 몇 배로 인상이 되었고, 앞으로 주변에 어마어마한 인구가 유입될 예정이다. 서울에 그것도 재개발 예정 지구에 무려 1,200평이라는 넓은 대지를 가지고 있는 교회는 그리 많지 않을 것이다.

목사님이 부흥회와 선교로 교회를 비울 때는 사모님이 대신 교회를 맡으시고, 예배를 인도하시고, 담임 목사님 못지않은 은혜를 끼치신다.

아직도 목사님의 사역은 현재진행형이다. 환갑이 넘은 나이에도 홀로 배, 기차, 비행기를 타고 일주일 이상을 외국에 가서 복음을 전하고 필리핀 현지인 신학교와 교도소를 다니면서 복음을 전하고 계신다. 국내에서도 오산리기도원과 가나안수양관, 성산수양관, 도곡산기도원, 진주기도원 등 당신을 필요로 하는 곳은 어디든지 찾아가서 규모와 인원수에 구애 받지 않고 오직 한 영혼이라도 그들의 영혼을 깨우기 위해 늦은 밤과 새벽길을 달리고 계신다.

지치지 않고 오직 주님 만날 날을 사모하며 성령의 인도함에 순종하기 위해 달려가는 목사님들을 보면서 나는 늘 이런 생각에 젖어든다.

'과연 나는 지금 하나님을 위해 그리고 복음 전파를 위해 무엇을 하고 있는가.'

목사님을 보면서 늘 내 자신을 돌아보지 않을 수 없다. 신앙의 길에서 어려움을 겪고 있는 성도들에게 나는 목사님을 신앙의 롤 모델로 주저 없이 추천할 수 있다.

2016년 1월

이태준 집사

성령님, 오늘은 어떤 넥타이를 맬까요?

성령님,
오늘은 어떤
넥타이를
맬까요?

당신의 영은 살아 있습니까?

하나님의 영으로 인도를 받는 자

육이 산 자는 기도를 할 때 자신의 마음이나 생각으로 오는 하나님의 영을 무시하고 본인 의지대로 산다. 영이 죽은 자는 자기 의지대로 살기 때문에 문제가 생겨도 하나님의 영을 간구하지 않는다. 또한 문제의 원인이 자신에게 있음을 인정하려 하지 않는다. 그러다 보니 자신의 죄를 알지 못하고 회개하려 하지도 않는다. 아무리 자신의 의지로 노력해도 문제가 끊이지 않다 보니 기도 응답이 잘 된다는 기도원을 찾아다니면서 사람을 통해 응답을 받으려 한다. 일부 기도원 원장들은 문제를 해결하러 온 교인들에게 "천만 원을 헌금하면 문제가 해결됩니다."라고 하면서 기도원의 물질적 어려움을 사람을 통해 해결하려고 한다. 자신의 죄를 깨닫지 못하고 기도원에서 물질로 헌금하면 문제가 풀어진다니까 사람들이 성큼 큰돈을 헌금한다. 문제가 해결되면 다행인데 문제가 해결되지 않으면 시험에 들고 하나님을 원망한다.

본인에게 문제가 생기면 그 문제를 통해 하나님이 진정으로 원하는 것이 무엇인지 하나님께 묻고 하나님의 감동에 순종하면서 영적으로 풀어야 한다. 주변 사람 말만 듣고 큰돈을 헌금했다가 돈은 돈대로 나가고 문제는 해결 되지 않아 시험에 들게 된다. 문제를 가지고 찾아온 성도들에게 무턱대고 헌금을 강요하는 교회와 기도원 역시 더 큰 문제가 생긴다. 기도원에서 헌금하면 문제가 해될된다고 해서 순종한 성도가 정작 문제가 해결되지 않자 시험에 들고 주변 사람에게 전한다.

"그 교회에 가지 마."

"그 기도원 가지 마."

"그 수양관 가지 마."

"거기 가면 돈만 내라고 하고 되는 것은 하나도 없어."

물질의 어려움 때문에 문제를 가지고 찾아온 교인들에게 헌금을 권유했던 교회, 기도원, 수양관은 헌금을 받을 때는 잠시나마 자신들의 물질 문제가 해결될 수 있다. 하지만 시간이 지날수록 찾는 사람이 줄어서 결국 더 큰 문제에 봉착하게 된다.

날마다 자신의 육성이 죽어지고 영이 살아서 하나님의 진리의 영이 이끌어 가는 삶을 살아야 한다. 그래야 성령의 감동을 통해 문제 해결

성령님, 오늘은 어떤 넥타이를 맬까요?

방법을 깨닫게 되고 성령의 감동에 순종해서 시간이 지날수록 영이 장성하여 온전히 주님 뜻에 순종하는 성도가 될 수 있다.

주님과 영적으로 교통하면 어떤 일이 벌어지는가. 이스라엘 민족이 40년 만에 도착한 가나안 땅을 단 열흘 만에 갈 수 있게 된다. 이스라엘 민족은 하나님께 묻지 않고 자기 뜻대로 살다가 애굽에서 두 발로 걸어서 열흘 거리인 가나안 땅을 가는데 무려 40년이라는 세월이 걸렸다.

자신의 의지대로 살려고 하지 말고 하나님이 나에게 주신 사명이 무엇인지 알아야 한다. 우리를 만드신 이가 하나님이시고 만드신 이유 역시 하나님이 가지고 계시다. 하나님이 주신 사명을 모르고 내 뜻대로 사니까 방황하게 된다. "그러나 진리의 성령이 오시면 그가 너희를 모든 진리 가운데로 인도하시리니 그가 스스로 말하지 않고 오직 들은 것을 말하며 장래 일을 너희에게 알리시리라(요 16:13)."는 말씀처럼 성령이 장래 일, 즉 앞으로 가야 할 길과 해야 할 일을 알려 주신다.

이스라엘 민족은 약속의 땅인 가나안으로 가는 것이 하나님이 예비하신 장래의 일임을 알고 온전히 순종했어야 했다. 그랬다면 그들은 사십 년을 광야에서 방황하지 않고 열흘 만에 하나님이 예비한 가나안 땅에 도착했을 것이다. 하나님이 예비한 장래의 일과 사명을 따르지 않으면 오랜 시간 방황하게 되고 결국 길을 잃고 사탄이 권세를 잡은 세상이라는 광야에서 죽음에 이를 수밖에 없다.

사울이 길을 가다가 다메섹에 가까이 이르더니 홀연히 하늘로부터 빛이 그를 둘러 비추는지라 땅에 엎드러져 들으매 소리가 있어 이르시되 사울아 사울아 네가 어찌하여 나를 박해하느냐 하시거늘 대답하되 주여 누구시니이까 이르시되 나는 네가 박해하는 예수라 너는 일어나 시내로 들어가라 네가 행할 것을 네게 이를 자가 있느니라 하시니 너는 일어나 시내로 들어가라 네가 행할 것을 네게 이를 자가 있느니라 하시니(행 9:3-6).

예수님을 인격적으로 만나기 전에 사울은 전형적인 바리새인이었다. 그는 하나님의 사명을 알지 못했기 때문에 자기 의지대로 살았다. 겉으로 보기에는 사람들에게 인정받는 바리새인이었지만 예수님이 보기에 사울은 하나님이 없는 광야의 삶을 살고 있었다.

사울은 하나님의 사람인 스데반 집사가 예수를 증거한다는 이유로 그를 돌팔매질하자는 사람들의 의견에 찬성을 했다. 심지어 옆에서 스데반에게 돌팔매질 하는 사람들의 옷을 지켜 주었다. 사울은 한 걸음 더 나아가 대제사장의 승인을 받아 예수를 믿는 자들을 잡아서 예루살렘으로 끌고 오려고 했다.

철저히 바리새인이었던 사울이 예수 믿는 자들을 잡으려 다메섹으로 향했다. 다메섹으로 가는 길에 갑자기 앞을 볼 수 없는 밝은 빛과 예수님의 음성을 듣고 성령을 받았다. 지금까지 자신의 육성으로만 살

성령님, 오늘은 어떤 넥타이를 맬까요?

아오던 사울이 주의 음성을 듣고 자신의 육성이 깨졌다.

"주께서 이르시되 가라 이 사람은 내 이름을 이방인과 임금들과 이 스라엘 자손들에게 전하기 위하여 택한 나의 그릇이라(행 9:15)." 는 말 씀처럼 바울은 하나님의 사람인 아나니아를 통해 자신이 이방인에게 복음 전하라는 사명을 받은 하나님의 택한 그릇임을 알게 되었고 진리 의 성령이 오셔서 사울에게 사명을 깨닫게 하셨다.

바울처럼 우리도 하나님의 영이 임해서 사명을 알려 주신다. 하나 님이 주신 사명을 깨닫고 자신의 삶이 그분 손에 달려 있음을 알고 날 마다 하나님만 바라보며 사는 사람이 바로 영이 산 자이다.

> 여호와는 죽이기도 하시고 살리기도 하시며 스올에 내리게도 하시고 거기에서 올리기도 하시는도다 여호와는 가난하게도 하시고 부하게도 하시며 낮추기도 하시고 높이기도 하시는도다(삼상 2:6-7).

사무엘상 2장 6-7절의 말씀처럼 여호와는 죽이기도 하시고, 살리 기도하시고, 음부에 내리기도 하시고, 올리기도 하시는 분이다. 인생 가는 길이 다 하나님 손에 있다. 그러니 오직 하나님만 바라보면서 살 아야 한다. 육이 죽지 않고 살아 있기 때문에 문제가 있을 때마다 주변 사람을 의지하면서 이 사람, 저 사람 찾아다닌다.

자신을 짓누르는 문제에서 평안을 얻고 싶다면 날마다 영이 살아서 하나님과 영적 교통하는 성도가 되어야 한다. 사도 바울은 예수님의 음성을 듣고 죽었던 영이 살아나서 날마다 그분과 영적으로 교통하는 사람이 되었다. 사도 바울이 한 번에 모든 육이 깨어지고 영의 사람이 된 것은 아니다. 성령이 바울의 생각과 마음 그리고 환상을 통해 지시를 내렸고 바울은 자신의 생각과 의지를 죽이고 성령의 지시에 순종했다.

> 성령이 아시아에서 말씀을 전하지 못하게 하시거늘 그들이 브루기아와 갈라디아 땅으로 다녀가 무시아 앞에 이르러 비두니아로 가고자 애쓰되 예수의 영이 허락하지 아니하시는지라 무시아를 지나 드로아로 내려갔는데 밤에 환상이 바울에게 보이니 마게도냐 사람 하나가 서서 그에게 청하여 이르되 마게도냐로 건너와서 우리를 도우라 하거늘 (행 16:6-9).

바울은 자기 의지로 아시아로 가서 하나님의 말씀을 전하려 했다. 성령이 아시아에서 말씀을 전하지 못하게 하셨다. 그러나 바울은 자기 의지를 버리지 못하고 아시아에 있는 비두니아로 가려 했다. 그때 성령이 환상을 보여 주셨다. 환상에 마게도냐 사람 한 명이 바울에게 마게도냐의 빌립보에 와서 그들을 도와 달라고 했다. 바울은 아시아에 가고자 하는 자신의 의지를 꺾고 성령의 지시에 순종하여 마게도냐 빌

성령님, 오늘은 어떤 넥타이를 맬까요?

립보에 가서 복음을 전했다.

사도 바울은 다메섹에서 성령을 받은 후 자기 멋대로 복음을 전하지 않았다. 매순간마다 영의 이끌림을 받고 이에 순종하며 살았다. 바울의 삶은 육의 생각을 버리고 성령의 지시에 온전히 순종함으로 하나님의 뜻을 이루는 과정의 연속이었다. 영의 지시에 순종하는 동안에도 바울은 자신 깊은 곳에 남아 있는 자신의 육을 버리려 노력했고 온전한 하나님의 사람으로 변해 갔다.

어려서 신림동에 살 때 일이다. 당시 어머니는 오십 년 동안 교회를 다니신 권사님이셨다. 어머니가 다니는 교회는 장로교로 무척 보수적인 곳이었다. 이북에서 순교자를 낳고 정통 장로교를 추구하는 교회였다. 박수를 치면 이단이고 "아멘!" 하면 삼단, "주여~" 하면 사탄으로 오인을 받을 정도였다. 어머니가 그런 교회 권사님이셨다.

당시 우리 집은 너무 가난했다. 믿음이 없는 나는 교회에서 아주 못되게 굴었다. 부모님이 교회에 다니시지만 나는 술 마시고, 담배 피우고, 군대에서 사용하는 야전 도끼로 사람들 목을 찍고 교도소를 안방같이 들락거렸다.

내가 교회에서 못되게 행동한 것은 이유가 있었다. 어머니는 장사를 하셨다. 교회에 다니시기 때문에 주일에는 장사를 하지 않는다. 토요일에 미리 필요한 물건을 사 놓고 일요일은 온전히 주일을 지켰다. 급하게 필요한 물건이 있어도 일요일에는 절대 사지 않았다. 철두철

미하게 주님을 믿고 주일을 지키며 십일조를 하셨다. 어머니는 주일을 지키지 않고 십일조를 하지 않으면 하나님께 벌을 받아 죽는 줄로 아셨다. 그런데도 우리 집은 정말 가난했고 어머니는 질병을 달고 다니셨다. 어머니가 몸이 아픈데 병원 갈 돈이 없었다. 어머니는 큰 아들인 나에게 약수동 이모네 가서 돈을 빌려 오라고 시켰다. 어머니가 자주 편찮으셔서 이모와 고모님 댁에 돈을 빌리러 자주 갔다. 당시 이모는 조그만 구멍가게를 하고 계셨다.

"이모!, 엄마가 아픈데 약 살 돈도 없어서 돈 좀 꿔 달래."

"이모!, 엄마가 쌀 떨어졌대."

그런 일로 자주 찾아가니까 이모에게서 좋은 말이 나올 리가 없다.

"야! 이 거지 같은 놈 새끼들아. 너희 하나님은 죽었냐."

"너희 하나님이 살아 있다면 가서 니 에미나 고쳐 달라고 하고 제발 돈 꿔 달라고 하지 마라."

나를 보자 방에서 맨발로 뛰어나와서 툭하면 돈 빌리러 온다고 호통을 치셨다. 어린 마음에 맨발로 나와 소리를 지르는 이모가 너무 무서워서 보자마자 도망쳤다. 버스를 타고 빈 손으로 약수동에서 신림동으로 오면서 창밖을 보는데 눈물이 쏟아진다.

'왜 우리 집은 예수 잘 믿는데 날마다 돈 꾸러 다니고 우리 어머니는 매일 아픈가? 진짜 하나님이 계시긴 한 건가?'

하나님에 대한 원망을 넘어 하나님의 존재에 대한 의심이 생겼다.

성령님, 오늘은 어떤 넥타이를 맬까요?

어머니는 가족을 굶기는 한이 있어도 반드시 목사님은 대접했다. 그러다 보니 집에 남아나는 것이 없어서 더욱 가난해졌고 어머니도 계속 편찮으셨다. 건물 몇 채 값이 약값으로 나간 것 같다.

이런 가난한 삶 속에서 어린 내 마음에 더 이상 하나님은 없었다. 교회는 헌금만 내라는 곳이고 목사는 거짓말쟁이라는 확신을 갖게 되었다. 당시 국민학생—지금은 초등학교라고 하지만 내가 다닐 때는 국민학교였다.—이었던 나는 술과 담배를 배우기 시작했고 태권도와 합기도를 배웠다. 그리고 싸움질을 하다가 불광동 소년원을 자주 들락거렸다.

국민학교에서 점심으로 학생들에게 강냉이밥을 주었다. 식욕이 왕성할 나이인데 학교에서 주는 양이 너무 적어서 배부르게 먹을 수가 없었다. 배가 고파서 다른 아이들 배식까지 다 빼앗아 먹었다. 학교 화장실에서 아이들 빵을 빼앗아 먹기도 했다. 그렇게 사고를 치다 보니 학교에서 네 번이나 퇴학을 맞았다.

학교에서 쫓겨났으니 갈 곳이 없어서 국민학교 때부터 영등포 바닥에서 나쁜 짓을 하고 다녔다. 칼로 몸을 긋기도하고 서대문, 안양, 영등포 교도소를 내 집처럼 들락거렸다. 그런 생활을 하면서 청소년기와 청년기를 보냈다. 틈만 나면 교회에 가서 아무 곳에나 오줌을 싸기도 하고 교인들과 목사가 있는 곳에서 일부러 들으라고 큰 소리를 쳤다.

"하나님은 개뿔! 목사 놈은 다 사기꾼 도둑놈이야."

권사님이셨던 어머니는 내가 교회에서 행패를 부리고 다니니까 날마다 나 때문에 기도하셨다.

난 아랑곳 하지 않고 술을 더 많이 마시고 다녔다. 어쩔 때는 거의 육 개월 동안 술에 빠져 살았다. 술을 먹지 않으면 몸이 떨려서 참을 수가 없었다.

술이 깨고 나면 너무 힘이 들어서 술을 끊어 보려고 많이 노력했다. 그러나 내 힘으로는 아무리 노력을 해도 술과 담배를 도저히 끊을 수가 없었다. 밖에 나가서 친구를 만나면 술과 담배를 할 수밖에 없어서 술과 담배를 끊으려고 아예 밖에 나가지 않고 집에 있었다.

어느 날 집에 계속 처박혀 있으니까 지겨워서 영등포에 있는 홀에 갔다. 홀에 가서 사회를 보게 되었다. 사회 보는 시간까지 기다리는 시간이 있었다. 그래서 시간을 보내고 있었는데 마음속에 갑자기 '우리 어머니 교회에서 여의도에 있는 큰 교회가 이단이라고 하는데 이단이 뭐지.' 하는 궁금증이 생겼다. 영등포 주변을 배회하는데 홀에서 했던 생각이 떠올랐다. 그 교회가 영등포에서 길 건너편에 있어서 찾아갔다. 교회 주변에 사람들이 구름같이 모여 있다. 평일인데도 사람이 많이 모여 있어서 그곳에 가면 뭔가 재미있는 일이 있을 것 같았다. 구경이나 한번 하자는 마음에 교회로 들어갔다. 그날이 수요예배가 있는 날이라 많은 사람들이 예배당을 가득 채우고 있었다. 얼마나 사람이 많은지 숫자를 세어 볼 수도 없었다. 주변을 두리번거리면서 사람 구경을 하고 있는데 앞에 있는 강대상에서 뿌연 안개가 보였다.

성령님, 오늘은 어떤 넥타이를 맬까요?

'이상하다 웬 안개가 이렇게 끼었지.'

신기해서 계속 보고 있었다.

이 교회는 예배 후 기도를 하는데 다들 고함을 질렀다.

"랄랄라, 빠빠빠, 또또또, 띠띠띠, 토토토."

어머니 교회는 교인이 사백 명 정도다. 방언도 없고, 모두 엄숙하게 조용히 예배를 드린다. 기도할 때도 모두들 말없이 고개만 숙이고 묵상 기도를 한다. 아멘 소리조차 없다. 거룩한 교회에 잘 어울리는 거룩한 교인들이었다. 다른 교회에 가 보지 못했던 나는 교회는 모두 거룩하고 조용한 곳이라고 생각했다. 이 교회 교인들이 기도를 하는데 모두 미친 사람 같았다. 고함 소리를 듣는데 '어머나! 여기에 미친 것들만 모였네. 내가 잘못 들어왔나 봐.' 하면서 덜컥 겁이 났다. 겁에 질려 주변을 두리번거렸다. 그때 많은 사람들 속에서 설교하던 목사가 "우리 주여 세 번 외치고 다 같이 기도하겠습니다." 하고 교인들을 향해 소리쳤다. 갑자기 천 명이 넘는 많은 사람이 "주여~ 주여~ 주여~" 하고 외쳤다. "주여~" 소리가 내 귀에는 "죽여~ 죽여~ 죽여~" 하는 소리로 들렸다. 기도하는 줄 알고 남들처럼 눈을 감고 있었는데 갑자기 "죽여~"라는 소리에 너무 놀라고 무서워서 눈을 번쩍 떴다. 천 명의 사람들이 "죽여~ 죽여~ 죽여~" 고함치는 곳에서 주변에 아는 사람 없이 혼자 있는 상황을 상상해 보라.

'당장 어디든지 사람이 없는 곳으로 피해야겠다.'

도망갈 생각으로 눈을 떴는데 앞에 여자 한 명이 헌금함에 서 있고 옆에는 하얀 양복을 입은 남자 서너 명이 보였다.

전에 누군가에게 들은 말이 기억났다.

'어머나! 이거 잘못 들어왔나 봐. 요즘에 사람을 잡아서 지하실에 가둬 놓고 때린다는데 저것들이 바로 그것들이구나.'

덜컥 겁이 났다.

'잡혀서 맞아 죽으면 어떻게 하나.'

강사가 사람들을 보면서 "우리 다시 한 번 '주여' 두 번만 외치고 기도하겠습니다."라고 말했다. 또 '주여'를 외치라고 했다.

겁이 났다. 시키는 대로 하지 않으면 맞아 죽을까 봐 아무도 들리지 않을 정도의 작은 목소리로 짧게 "주여! 주여!" 했다.

아무도 안 들리게 작은 목소리로 "주여! 할렐루야!" 하는 순간 혀가 입속으로 쏙 들어갔다. 겪어 보지 않은 사람은 자기 혀가 말려 목구멍을 막아 숨을 쉬지 못해 죽을 것 같았던 내 심정을 알 수가 없을 것이다. 혀가 들어가서 숨이 막혀서 '우와와!' 하고 소리를 질렀다. 계속해서 숨이 막혀서 "도망가지 않을 테니 살려 주세요." 하니까 혀가 쫙 펴졌다. 그리고 내 입에서 다른 사람처럼 이상한 말이 나오기 시작했다. 나중에 알고 보니 그것이 방언이었다. 방언이 무엇인지 아무것도 몰랐던 나는 '야, 이거 나한테 예수 귀신이 왔구나!'라는 생각이 들어 앞에 있는 아주머니에게 물었다.

성령님, 오늘은 어떤 넥타이를 맬까요?

"아줌마, 나 왜 이래요?"

나는 분명히 그렇게 말했는데 내 말이 아니라 이상한 말로 하고 있었다. 내가 방언으로 말하니까 아주머니가 방언으로 대답을 했다. 속으로 '우리 둘 다 미쳤구나!' 하는 생각이 들었다. 아주머니가 내가 알아들을 수 있는 말로 "당신은 하나님이 말세에 쓸 종이라 하시네요." 하고 더 이상한 말을 했다. 상상해 보라. 우리말도 제대로 모르는 내가 이상한 말로 질문을 했는데 그 여자 분도 "쌀라 쌀라" 하고 이상한 말로 대답을 했다. 그리고 나에게 하나님이 말세에 쓸 종이라니 얼마나 놀라고 황당했겠는가? 솔직히 속으로 '이런 미친 여자 다 있나.'라고 생각했다. 그렇게 황당해 하고 있는데 이전에도 비슷한 일이 있었던 것이 떠올랐다.

술만 마시면 취해서 군용 야전 도끼로 사람을 때리고 나쁜 짓을 하고 다녔다. 끊임없는 나의 크고 작은 사고에 지칠대로 지친 어머니가 하루는 "진국아! 제발 나하고 한얼산에 가 보자."라고 하셨다. 한얼산에 있는 기도원에 가면 이OO 목사라고 상해군인 출신인데 나하고 전적이 비슷하다고 하시면서 한 번 같이 가 보자고 하셨다. 그냥 말로 해서는 같이 가지 않을 것을 아시고 어머니가 한얼산기도원에 같이 가면 돈을 주겠다고 미끼를 던지셨다. '돈 준다는 데 무슨 짓을 못하랴.' 하는 마음으로 따라 나섰다. 어머니를 따라 한얼산에 걸어서 올라갔다. 기도원에 가서 이OO 목사님을 만났는데 내 머리에 손을 대고 안수를 한다. 그분 손이 정말 크다. 손을 대더니 방언으로 기도하고 "야, 이 자식아! 너 하나님이 말세에 쓸 종이야."라고 말했다. 그때 속으로 '별 미친놈 다 보았네.'라고 생각했다.

그런데 여의도 큰 교회 여자 분이 이OO 목사님과 같은 말을 했다. 그때 마음에 속으로 '내 안에 뭔가 있긴 있나 보구나!' 하는 생각이 들었다. 내가 얼마나 독종인지 아버지가 돌아가셨을 때 울지도 않았다. 그런 내 눈에서 눈물이 하염없이 쏟아지는 데 걷잡을 수가 없었다. 그리고 입에서 계속 방언이 나왔다. 가만히 있어도 말만하면 저절로 방언이 나왔다.

두려운 마음에 바로 집으로 왔다. 집에 도착해서 내 입으로는 "여보!" 하고 아내를 부르는 데 방언이 나왔다. 마음속으로 걱정이 되었다.

'이제 큰일났다. 우리말이 나오지 않아. 어떻게 하지?'

그때 어머니 신금순 권사님이 상점에 갔다가 돌아오셨다. 어머니한테 "어머니!" 하고 부르는데 역시 우리말이 나오지 않고 방언이 나왔다. 그 교회에 갔다 온 후 계속해서 이상한 말을 하니까 어머니가 우셨다.

"넌 술도 유별나게 처먹더니 믿어도 이단이 받는 이런 걸 받아 왔니?"

지금 생각해 보면 누가 이단인지 답답하기만 하다. 며칠이 지나도

성령님, 오늘은 어떤 넥타이를 맬까요?

계속해서 방언이 나왔다. 입에서는 계속 방언을 하는데 도대체 이게 무슨 말인지 알 수가 없어서 교회에 가고 싶은 마음이 생겼다. 어머니께 기도하고 싶다고 하면서 교회에 가자고 했다. 어머니는 이게 웬 떡이냐 하시고 나를 교회로 데려갔다. 교회 새벽 기도에 가 보니 교인들이 80명쯤 나왔는데 목사님이 새벽 설교를 마치시고 "자 이제 자유롭게 기도하다가 돌아가겠습니다." 하셨다. 이상한 교회에서 주여 삼창을 배웠기 때문에 목사님이 자유롭게 기도하라고 하니까 "주여~, 주여~, 주여~!" 하고 외치고 방언으로 기도했다.

"와타타타타, 와차차차, 랄랄라, 마차차."

당시 상황을 상상해 보라. 새벽에 조용히 묵상 기도하러 왔던 성도 팔십 명이 놀라서 다 도망가 버렸다. 교회는 이단이 하나 들어왔다고 난리가 났다. 이단이 누군가하고 교인들이 주변을 돌아보더니 나인 줄 알고 "저거 신금순 권사 아들 도끼네." 하면서 교회가 발칵 뒤집어졌다. 어머니도 난리가 났다.

사람이 죄 짓고는 못 산다고 그때 장로님 한 분이 있었다. 이분이 경찰서 형사 과장이다. 그 아들이 얼마나 건방을 떠는지 내가 야전 도끼로 목을 친 적이 있다. 장로님이 내가 방언하는 장면을 목격했다. 그분이 나를 무척 잘 안다. 왜냐하면 내가 경찰서에 단골손님으로 자주 다녔기 때문이다. 장로님이 나를 잘 아니까 이 일로 당회를 열었다.

"아유! 저 걸레 같은 자식 건드리면 또 도끼 가지고 설치니까. 저걸

건드리면 안 됩니다!"

"대신 저거 엄마하고 남동생에게 압력을 넣어서 기를 못 펴게 해야 됩니다."

나는 모르게 하고 당회에서 그런 결정을 내렸다. 아무것도 모르고 또 어머니께 "교회 갑시다." 하니까 어머니가 무릎을 꿇고 우신다.

"진국아! 나는 이제 창피해서 교회 못 가겠다."

"왜 그래요? 어머니!"

그제야 나 때문에 교회가 지금 발칵 뒤집혔다는 사실을 알게 되었다. 어머니가 하시는 말씀이 당회가 열려 '신금순 권사 아들이 이단에 빠져 새벽마다 이상한 헛소리를 해서 교인들이 다 도망간다.' 하면서 나를 교회에 나오지 못하게 하자고 결정이 났다는 것이다. 교회에서 교인을 나오지 못하게 해서 황당해 하고 있는데 어머니가 뜬금없이 이런 말씀을 하셨다.

"진국아! 나하고 삼각산에 가자."

"거기를 왜 가요?"

"거기 가면 너 같은 놈이 많단다."

이번에도 돈을 20만 원 준다고 해서 밤에 어머니를 따라 삼각산에 갔다. 세상에 삼각산에 가니까 나같이 미친 사람들이 거기에 다 모여 있다. 여기저기서 "랄랄라, 빠빠빠, 또또또" 하는 소리가 나는데 내가 있어야 할 세상이 거기 있었다. 그때부터 삼각산에서 기도하기 시작했다. 삼각산에 간 이후로 어머니 교회에 가지 않았다. 반기지 않으니 갈 수도 없고 내가 있어야 할 곳이 아니라는 것을 알았기 때문이다. 그날부터 삼각산에 가서 기도하기 시작했다. 기도할수록 기도 시간이 점점 늘었다. 하루에 2시간, 3시간, 4시간, 6시간 그러더니 7시간 반씩 기도를 했다.

아무리 기도를 해도 내가 하는 말이 무슨 뜻인지 알 수가 없었다. 하루는 삼각산에서 기도하는데 근처 절 옆에 있는 기도원 원장이 나에게 귀띔을 해 주셨다.

"이제 성령이 왔지만 회개의 영이 와야 합니다."

회개의 영이 무엇인지 몰라서 원장님께 물었다.

"회개의 영이 뭐예요?"

"회개의 영이 임하면 옛날에 지은 죄가 영화 필름처럼 떠오릅니다."

그렇게 말씀해 준다고 내가 뭘 알겠는가. 그냥 시키는 대로 부르짖으며 기도했다.

"하나님, 회개의 영이라는 게 있다는데 저한테도 좀 부어 주세요."

"주여~, 주여~, 주여~, 회개의 영을 부어 주세요."

아무리 기도를 하고 소리를 질러도 도대체 회개의 영이 오지를 않는다.

그러던 어느 날 갑자기 회개가 터졌다. 회개가 터지니까 밤 12시부터 그 다음날 아침 9시까지 회개가 쏟아졌다.

회개도 인간의 힘으로는 어렵다. 사람이 인위적으로 자기 잘못을 회개할 수는 있다. 그러나 그것은 내 생각대로 하는 회개다. 내가 알지 못하는 내면 깊은 죄는 본인 생각으로 알 수가 없다. 그렇기 때문에 그런 죄는 회개하고 싶어도 할 수가 없다. 나도 모르는 죄까지 모두 회개하려면 하나님이 주시는 회개의 영이 나에게 임해야 한다.

그렇다고 무슨 죄를 회개해야 할지 미리 걱정하지 마라. 나에게 회개의 영이 임하자 그동안 지은 죄가 떠오르는데 옛날에 아버지 주무실 때 몰래 아버지 호주머니에서 돈을 훔쳐서 눈깔사탕 사 먹은 것부터 옆집 아주머니 욕한 것, 어머니에게 교회에 미쳤다고 한 것, 어머니 십일조와 감사 헌금 훔쳐서 그 돈으로 술 먹은 것까지 나도 모르는 죄가 생생하게 떠올랐다. 밤새도록 나도 잊고 있었던 죄와 미처 죄라고 생각하지도 못했던 죄까지 모두 떠올랐다. 내가 얼마나 많은 죄를 지었는지 여덟 시간, 아홉 시간 회개가 터졌다. 밤새 회개하고 아침에 보니 눈이 퉁퉁 부어 있다.

"이는 주께서 심판하는 영과 소멸하는 영으로 시온의 딸들의 더러움을 씻기시며 예루살렘의 피를 그 중에서 청결하게 하실 때가 됨이라(사 4:4)."는 말씀처럼 하나님의 영을 통해 심판하는 영과 소멸하는 영이 우리에게 임한다. 회개는 인위적으로 되는 것이 아니다. 회개의 영이 임해야 지금까지 저지른 죄가 영화 필름처럼 떠올라서 진정으로 회개할 수 있다.

회개의 영이 임해서 여덟, 아홉 시간을 회개하면서 방언 기도를 했다. 그때부터 방언으로 하나님과 영적 대화가 되고 방언이 해석되기 시작했다. 방언이 임한 후 하나님은 계속해서 나에게 이렇게 말씀하고 계셨다.

"사랑하는 내 종아, 내가 너를 선택했고, 내가 너를 전도했단다."

내가 물었다.

"어떻게 전도했어요?"

"너 위로 낳기만 하면 형, 누나 세 명이 다 죽었다."

"어떻게 죽었어요." 하고 물었다.

내가 계속 묻자 하나님이 나도 잘 알지 못하는 사실을 아주 세밀하게 알려 주셨다. 우리 설씨 집안은 조상이 원효대사이다. 원효대사와 요설공주 사이에서 난 아들이 설총이다. 원효대사의 후손인 우리 집안은 대대로 불교 집안이었다.

그런데 성령님이 "너 위에 형과 누나들이 백일과 돌이 되기 전에 다 죽었다."라고 알려 주셨다. 중이 와서 절하고 설법하고 작두를 타는 무당이 와서 굿을 해도 다 죽었다고 하셨다. 내가 엄마 배 속에서 나왔을 때도 다 죽어가니까 천장 높은 곳에 매달아 놓았다. 내가 아파서 굿을 해도 아픈 것이 낫지를 않았다. 곧 죽을 것 같아서 부모님이 아예 출생 신고를 하지도 않았다.

그러던 어느 날 아버지가 영등포 양평동에 있는 미군 부대에서 영화를 보러 가셨다. 영화에서 도둑질을 하면 손가락을 자르고 거짓말을 하면 혀를 자르는 장면을 보시던 아버지에게 갑자기 어떤 생각이 들었다.

'아하! 우리 집이 예수를 믿어야 우리 진국이가 살겠구나.'

아버지가 영화를 보고 오셔서 내 가슴 속에 있는 부적과 어머니 몸 속에 지니던 부적, 벽에 붙어 있는 부적이란 부적은 다 찾아서 불태우셨다. 그 누구도 전도하지 않았는데 그날로 부모님이 영등포 양평동에 있는 장로교회에 나가셨다. 그리고 내 아래로 사 형제를 낳았는데 모두 죽지 않고 살았다. 누구도 알려 주지 않은 이 사실을 하나님이 기도 중에 나에게 알려 주셨다.

그러던 어느 날 하나님이 나에게 말씀하셨다.

"아들아, 내가 너희 집을 전도했으니 너희 사 형제는 모두 목사의 길을 가야 한다."

"형제가 모두 목사가 되면 우리 어머니가 과부인데 뭐 먹고 살아요. 그러니 저는 빼세요."

우리 집 형편과 내가 어떤 놈인지 뻔히 알기에, 하나님이 하신 말씀을 받아들일 수가 없었다.

"저는 배운 것도 없고 사람만 패고 다녔어요. 저는 빼고 둘째, 셋째, 막내는 공부를 많이 했으니 셋만 쓰세요. 아니면 서울대 법대 나온 똑똑한 사람을 쓰세요."

성령님, 오늘은 어떤 넥타이를 맬까요?

"아들아, 서울대 법대 나온 사람들은 자기 머리, 자기 지식, 자기 방법으로 한다. 그러나 너는 내가 시키는 대로만 하면 된다."

"저는 주변머리가 없습니다."

"너는 내가 시키는 대로만 하면 된다. 가라면 가고, 내가 가서 엎어버리라 하면 가서 엎어 버리면 된다."

다른 것은 몰라도 엎어 버리라는 말에 용기를 얻었다.

"그래요, 제가 다른 건 몰라도 엎어 버리는 건 잘합니다."

"그러면 되었다."

관악산 낙성대 근처 절에 가면 무당들이 자주 굿을 하는 곳이 있다. 내가 그곳에 가서 무당들을 보고 "늙은 것이 죽으려면 곱게 죽지 이 난리야." 하고 굿을 엎어 버리고 무당을 쫓아냈다. 삼각산에 가서도 무당을 패고 굿을 엎어 버렸다. 하나님이 엎어 버리면 된다고 하셔서 우선은 목사를 하겠다는 생각은 않고 엎어 버리는 것만 했다.

그런데 또 내게 말씀하셨다.

"아들아, 너희 사 형제는 다 목사의 길을 가야 한다."

나도 또 거절했다.

"아버지, 저는 아니에요."

"아니다. 내가 너를 전 세계를 다니면서 복음을 전하는 종이 되게하겠다."

하나님이 계속해서 내가 목사가 되어야 한다고 하셨다. 그리고 내가 전 세계를 다니면서 복음을 전하는 주의 종이 된다고 하셨다. 전에는 그냥 목사의 길을 가야 한다고 권면하셨는데 이제는 아예 내 의지와 상관없이 주의 종이 되게 만드신다고 선포를 해 버리셨다.

하나님에게는 정말 죄송한 말이지만 얼마나 웃기는 일인가. 사실 나는 술 먹느라 제주도 한번 가 본 적이 없다. 그런데 하나님이 나를 전 세계를 다닌다 하시니 옆집 강아지도 웃을 일이었다.

그런데 내가 지금까지 많은 외국을 다녔다. 전 세계 유명한 곳과 사람들이 가 보지 못한 나라를 다녔다. 얼마나 많은 나라를 다녔는지 숫자로 헤아리기도 어렵다. 영어 한 마디도 할 줄 모르는 나를 하나님이 예언하신 대로 전 세계를 다니며 부흥회를 하게 하셨다. 하나님은 거짓말 하시는 분이 아니다. 결국 사 형제 모두 목사가 되었다. 둘째는 신학박사, 셋째는 목회도 하고 교수도 하고, 막내도 목회를 하고 있다. 나는 배운 것은 없지만 전국을 다니면서 큰 교회, 작은 교회를 마다 하지 않고 부흥성회를 다니고 있다. 그렇게 열심히 전국을 다니며 부흥회를 인도하던 어느 날 기도 중에 하나님이 환상을 보여 주셨다.

"이게 뭡니까?" 하고 물었다.

새카만 차가 보였다.

다시 물었다.

"이게 뭐예요?"

"이것은 앞으로 네가 복음 증거하러 다닐 때 타고 다닐 차다."

그 일이 있고 22년이 지난 2000년 5월에 우리 교회 집사님 한 분이 일억 원이나 되는 새 차를 보험까지 들어서 사 왔다. 이 차가 에쿠스 리무진인데 우리나라에서 내가 1호로 탔다. 차를 타는데 앞좌석이 쓰러지면서 뒷좌석이 비행기 비즈니스석 같이 넓어지는 차였다. 그 차를 보고 얼마나 놀랐는지 모른다. 이십 년 전에 삼각산에서 환상으로 보여 주신 차와 같은 차였다. 우리 교회 집사가 돈으로 헌금하면 내가 선교하는데 쓴다고 아예 본인이 현찰로 차를 사 왔다. 이 차를 2007년까지 타다가 '차를 좀 바꾸면 좋겠다.'라는 생각을 했더니 하나님이 차를 바꿔 주셨다. 진짜 우리 하나님은 거짓말하는 분이 아니다.

베드로, 바울, 빌립 모두 성령의 지시를 받고 살았다. 베드로의 아버지, 바울의 아버지, 빌립의 아버지, 나의 아버지 다 같은 하나님 아버지시다. 하나님은 누구에게는 성령의 지시를 알려 주고 누구에게는 알려 주지 않으시는 다른 아버지가 아니다.

성령이 지시하는 대로 순종하면 되는데 그것이 안 되니까 여기저기 예언을 받으러 다닌다. 예언을 받으러 가서 "삼천만 원을 헌금하면 아들 병이 고쳐집니다." 하는 말을 듣고 시험에 든다. 돈을 낸다고 문제가 풀어지는 것이 아니다.

성령을 받으면 예언의 은사가 나타난다. 나 역시 예언의 은사가 있지만 함부로 예언 기도를 하지 않는다. 초등학교 1학년 밖에 안 되는 믿음의 신앙을 가지고 있는 교인에게 신앙이 대학생이 되어야 이루어지는 예언을 하면 들을 때는 기분 좋으니까 "아멘!" 하고 받는다. 예언이 이루어지기 위해서는 하나님 앞에 회개하고 선교와 감사 헌금을 내야 한다는 성령의 지시를 그들에게 알려 준다. 신앙의 초보자들은 아직은 성령의 지시에 순종하지 못한다. 그들은 예언을 받고 성령의 지시에 순종할 만큼의 신앙에 도달하지 못했다. 그렇기 때문에 본인이 감당하지 못할 성령의 지시에 시험이 들고 가정이 깨지고 몸에 칼을 긋는 이상한 행동을 한다. 전국에 부흥회를 다니면서 이런 사람을 내 눈으로 너무나 많이 보았다.

기도원 가서 사람을 통해 문제 해결의 예언을 받고 함부로 헌금하지 말기를 바란다. 헌금한다고 안 되는 문제가 해결되는 것은 아니다. 본인 마음에 성령의 감동이 오고, 감동 온 만큼의 물질에 순종할 때 성령님이 믿음과 순종을 보고 기도에 응답해 주신다.

구미에서 부흥회를 하는데 한 여 성도의 식구가 모두 방언을 받고 성령을 받았다. 그런데 알고 보니 그 성도의 여동생이 남편에게 핍박받는 삶을 살고 있었다. 남편은 아내를 때리고, 폭언을 밥 먹듯이 하면서 엄청나게 못살게 굴었다. 그 여동생이 내가 인도하는 집회에서 은혜를 받았다. 그 후 남편을 위해 꾸준히 기도를 했다. 그러자 남편이 조금씩 변화되기 시작했다. 대전 도곡산기도원에서 부흥회를 인도할 때 남편이 참석을 했다. 기도원 제일 앞자리에 앉아서 많은 은혜를 받았다. 내가 청주에 누구나 알 만한 큰 수양관에 집회를 갔다. 그때도

성령님, 오늘은 어떤 넥타이를 맬까요?

이 남편이 찾아왔다. 내가 청주에 온다는 것을 알고 대전에서 차를 타고 집회에 참석하러 왔다. 나는 낮과 저녁에만 집회를 인도하는데 그날은 오후 세 시에 수양관 원장이 직접 은사 집회를 한다고 해서 숙소에서 쉬고 있었다. 그런데 이 남자 분이 세 시에 원장 집회에 갔다 오더니 사라졌다. 은사 집회 중간에 나가 버렸다고 한다. 수양관 원장님이 말씀하시기를 그분이 집회 중간에 "예수고 나발이고, 도둑놈 새끼들 돈독이 올랐다." 하고 욕을 하면서 나가 버렸다고 한다. 알고 보니 원장님이 은사 집회 중에 헌금 봉투에 쓰여 있는 그 남자의 이름을 보고 "피값을 많이 했구나. 너 그냥 넘어가지 마라. 회개 헌금 천만 원 드려라!" 하고 권면을 했다고 한다.

이제 은혜 받고 신앙생활 시작하는 사람에게 천만 원 헌금 하라 하니 어떤 일이 벌어졌겠는가? 회개와 순종, 헌금에 대해 아무것도 모르는 이제 하나님의 은혜를 받은 사람에게 "회개 헌금 천만 원을 드려라. 너 그렇게 하지 않으면 안돼!"라고 하면 순순히 순종하고 헌금할 사람이 얼마나 있겠는가. 이 남자가 수양관 목사의 권면을 듣고 "예수고 나발이고 다 도둑놈들!"이라고 소리치면서 중간에 가렸다. 나도 그 사실을 나중에야 알았다. 이제 갓 은혜 받은 사람에게 헌금 천만 원을 내라고 해서 실족시켜 버렸으니 나중에 하나님의 심판대 앞에 섰을 때 그 책임을 어떻게 지겠는가?

청주에 있는 한 수양관에서 부흥회를 인도할 때 임신한 분이 내 설교를 들으러 왔다. 부흥회에 참석하여 설교를 듣다가 오후 시간에 그곳 원장님과 상담을 한 모양이다. 상담 후 나를 찾아와서는 수양관 목사님이 삼천만 원 헌금하면 아들을 낳는다고 했는데 어떻게 해야 하냐고 물었다. 내가 절대 그렇게 어리석은 짓을 하지 말라고 충고를 했다. 그랬더니 아니라면서 목사가 자기 말이 거짓말이면 손에 장을 지진다고 하면서 삼천만 원 헌금하면 100퍼센트 아들을 낳는다고 장담을 했다고 우긴다. 이미 헌금하기로 작정을 한 것 같았다. 임신한 분이 나도 모르게 헌금을 냈다. 그런데 결국 딸을 낳았다. 헌금하면 아들을 낳는다고 장담했으니 수양관이 발칵 뒤집혔다. 그리고 그 여파가 나에게까지 왔다.

"설 목사 부흥회 때문에 왔는데 이놈이나 저놈이나 다 똑같네." 하고 나한테 따졌다. 그 목사를 고소하고 방송국에 신고한다고 했더니 목사가 사태의 심각성을 알고 돈을 돌려 주었다. 기도 제목이 있다고 무조건 헌금으로 연관시키면 안 된다. 본인 마음에 감동이 와서 드리고 싶은 마음이 생겼을 때 드려야 한다. 본인은 아무 영감도 없는데 다른 사람이 그렇게 왔다고 남의 말을 듣고 헌금하면 시험에 들고 가정이 뒤집혀 버린다.

어려움에 처한 사람에게 헌금하면 문제가 해결된다고 하면서 잘못된 믿음을 준다. 그리고 문제가 해결되지 않는다. 헌금하면 문제가 해결될 줄 알았는데 그렇게 되지 않아 시험에 든 사람에게 본인의 믿음

성령님, 오늘은 어떤 넥타이를 맬까요?

이 부족해서 해결 받지 못했다고 하면서 오히려 헌금 한 사람을 책망한다. 교회, 기도원마다 이런 어리석은 행동 때문에 너무나 많은 문제가 발생하고 구원 받은 영혼이 하나님을 떠나버린다. 어디서 헌금을 얼마를 해야 한다고 하면 그 말에 현혹되지 말고 우선은 "예, 알겠습니다. 제가 기도해 보겠습니다." 하고 그 자리에서 작정이나 약속을 하지 않는 것이 좋다. 이런 문제로 시험에 든 가정이 너무나 많다. 기도원마다 다 그런 것은 아니다. 일부 한두 곳이 문제를 일으켜 전체를 흐리게 한다. 큰돈을 헌금한 가정이 시험 들고 가정이 깨지고 헌금한 아내들이 남편에게 들켜 폭행과 핍박을 당하는 것을 너무나 많이 보았다.

이런 가정이 없기를 바라는 마음으로 매년 본 교회에서 영성 집회를 인도한다. 되도록 많은 사람이 참석할 수 있도록 신문에 영성 집회 광고를 낸다. 신문에 광고를 내니까 성도들은 좋아하고 기도원 원장들은 기도원 문 닫게 하려고 하냐고 항의를 한다. 내가 집회한다고 기도원이 왜 문을 닫겠는가. 본인들이 성령의 음성을 듣고 순종하면 하나님께 달라고 하지 않아도 알아서 복을 주신다.

빌립보서 2장 13절 말씀에서 하나님은 내 안에 계신다 하였다. 마태복음 22장 32절 말씀에서 예수님이 하나님은 죽은 자의 하나님이 아니라 산 자의 하나님이라 하셨다. 하나님이 진정으로 내 안에 계시다면 당연히 우리는 그분과 영적 교제가 이루어져야 한다. 옛 속담에 "적을 알고 나를 알면 백전백승"이라는 말이 있다. 유대인이 하나님을 제대로 알고 순종했다면 광야에서 사십 년을 방황할 필요가 없었을 것이다. 목사인 나를 보라. 오죽 속을 썩였으면 어머니가 죽여 달라고 기도하던 내가 성령 받고 변화되었다. 그리고 어머니께 하나님의 뜻을 전했다.

"우리 사 형제 모두 목사가 되어야 합니다."

"그래 목사가 되라. 대신 너하고 둘째만 가고 셋째와 넷째는 돈 벌어."

어머니는 사 형제 모두 목사가 되어야 한다는 하나님의 지시에 순종하지 않고 나와 둘째만 목사가 되라 하셨다. 어머니가 하나님의 말씀에 온전히 순종하지 않자 착하고 순진하던 막내가 술을 먹고 사고를 치면서 어머니 속을 썩였다. 돈을 주지 않는다고 유리창을 부수고 여자들을 오토바이에 태우고 가다가 사고가 나서 뒤에 타던 여자가 날아가서 다치는 등 온갖 사고를 치고 다녔다. 유리창을 부수는 막내를 말리는 데 나를 막 밀어 버린다. 옛날 같았으면 나한테 한주먹거리도 안되던 막내가 그런 행동을 하고 다니니까 어머니가 막 우신다.

"내가 전생에 무슨 죄가 그리 많다고 큰 게 돌아오니까 막내가 속을 썩이네. 하나님, 진철이 저 녀석 좀 죽여 주세요."

우리 어머니는 은사가 죽여 달라는 은사인가보다. 큰 아들이 안 죽으니까 이제 막내를 죽여 달라고 하신다. 내가 또 권면했다.

"어머니, 하나님이 막내도 목사가 될 사람이랍니다."

성령님, 오늘은 어떤 넥타이를 맬까요?

"아이고, 지겨워."

"어머니 죽일 바에는 목사가 되라고 손을 드세요."

"그러면 내가 어떻게 하냐?"

"그러면 저를 따라 손을 드세요."

"하나님! 아이고, 몰라요. 죽일 바에는 그 새끼도 목사로 쓰든지 말든지 알아서 하세요. 저 손 들었어요."

어머니가 서원하시고 다음날 그렇게 사고를 치던 막내에게서 전화가 왔다.

"엄마 내가 잘못했어. 나 집에 가서 신학교 갈래."

막내가 신학교에 가서 지금은 목회를 잘하고 있다.

사람이 얼마나 미련한가. 하나님은 만세 전에 '넌 목사로 쓸 것이다.'라고 미리 정해 놓으셨다. 하나님 뜻은 목사가 되는 것인데 돈 벌려고 욕심을 부리고 세상으로 나가는 사람들이 참 많다. 결국 열흘 만에 갈 가나안 땅을 사십 년간 광야에서 방황한 유대인처럼 본인도 방황하게 된다. 유대인과 같은 광야의 삶을 살고 싶지 않다면 영이 살아서 날마다 영의 지시를 받고 하나님만 바라보는 삶을 살아야 한다. 나를 도와줄 자가 내 주변 사람이라고 생각하고 사람을 의지하면 안 된다. 나를 도울 분은 오직 주님 한 분 밖에 없다. 목사가 성도들 옆에서 지켜봐 주고 위로해 줄 수는 있지만 목사가 직접 성도의 영이 살게 해 줄 수는 없다. 성도들도 온전히 주님만 바라봐야 한다.

좌로나 우로나 치우치지 않는 자

하나님은 좌로나 우로나 치우치지 말라 하신다.

> 오직 강하고 극히 담대하여 나의 종 모세가 네게 명령한 그 율법을 다 지켜 행하고 우로나 좌로나 치우치지 말라 그리하면 어디로 가든지 형통하리니(수 1:7).

이 말씀은 모세를 이어 새로운 지도자가 된 여호수아에게 하나님이 직접 명령하신 말씀이다. "네 평생에 너를 능히 대적할 자가 없으리니 내가 모세와 함께 있었던 것 같이 너와 함께 있을 것임이니라 내가 너를 떠나지 아니하며 버리지 아니하리니(수 1:5)."라는 말씀에서 하나님이 모세와 함께 했던 것같이 여호수아와 함께 하시겠다고 하셨다.

하나님의 음성을 듣고 담대하게 그분 말씀에 순종한 여호수아가 어떻게 되었는가. 40년을 광야에서 방황한 이스라엘 민족을 이끌고 요단강을 건너 가나안 땅의 외곽인 길갈에 도착했다. 가나안 중심으로 들어가려던 여호수아는 철벽같은 여리고 성에 막혔다. 이스라엘의 힘으로는 성을 무너트릴 방법이 없다. 가나안에 다 도착한 줄 알았는데 여리고 성에 막혀 모두가 절망하고 있을 때 여호수아가 하나님께 기도했다. 여호수아의 기도를 들은 하나님이 여리고 성을 무너트릴 방법을

성령님, 오늘은 어떤 넥타이를 맬까요?

알려 주셨다.

하나님은 여호수아에게 제사장과 모든 군사가 엿새 동안 하루에 여리고 성을 한 바퀴씩 돌라고 하셨다. 엿새 동안은 조용히 돌고 일곱째 되는 날 성을 일곱 번을 돌며 제사장이 나팔을 불고 백성이 큰 소리로 외치면 성이 무너진다고 하셨다. 하나님께 여리고 성 함락 방법을 계시 받은 여호수아는 제사장과 백성에게 그대로 명령했다. 인간의 생각으로 보면 여호수아의 명령은 말도 안 되는 황당한 명령이다. 제사장과 백성 대부분은 여호수아의 명령에 반대했을 것이다. 전군이 총 공격을 해도 성문 하나라도 뚫을 수 있다는 보장이 없는 어려운 상황이다. 이런 상황에서 이스라엘 백성에게 여리고 성 주변을 조용히 엿새동안 돌다가 칠 일째 되는 날 제사장이 나팔 불 때 함성을 지르면 성이 무너진다 하니 얼마나 황당했겠는가. 사람들은 여호수아의 명령에 따라 성을 돌긴 돌았지만 '이게 무슨 짓인가!' 하는 불평불만을 했을 것이고 '이렇게 한다고 성이 정말 무너질까?' 하는 의심이 들었을 것이다. 응답 받은 여호수아만 여리고 성이 무너질 것을 확신했다. 칠 일째 되는 날 여리고 성이 제사장의 나팔소리와 백성의 함성에 힘없이 무너져 버렸다. 성에 올라가서 망치로 성을 친 것도 아니고 성문을 공격한 것도 아니다. 성을 일곱 번 돌고 함성과 나팔소리만으로 멀쩡하던 성이 무너졌다. 감히 누가 상상했던 일인가. 하나님은 믿음 없는 이스라엘 백성에게 인간의 힘으로 했다고 아무도 말할 수 없도록 불가능한 기적을 행하셨다.

주변에서 아무리 반대하고 핍박을 해도 여호수아가 좌로나 우로나 흔들리지 않고 하나님의 응답을 믿고 성을 돌았더니 칠 일째 되는 날 여리고 성이 무너졌다. 여호수아가 하나님의 지시를 의심하고 다른 사람 의견에 동조하여 순종하지 않았다면 유대인은 더 오랜 시간을 가나안 외곽이라는 제2의 광야에서 고난 받았을 것이다. 하나님이 세운 지도자인 여호수아가 사람의 말을 듣지 않고 오직 하나님 말씀에만 순종한 결과 이스라엘 민족이 40년의 광야 생활을 마치고 가나안에 입성할 수 있었다.

내가 목사가 된다고 하니까 어머니 교회 목사님이 강대상에서 이렇게 말씀하셨다.

"배우지 못하고 무식한 사람들이 툭하면 신학교 간다고 합니다. 할 일 없어서 목사 하는 게 아닙니다. 목사가 그렇게 아무나 할 수 있는 싸구려인줄 아십니까."

목사님은 소위 일류 대학과 일류 대학원을 졸업하셨고 신학교 교수이다.

나는 방언 기도를 이렇게 한다.

"와이디쌰 토 와 쳐치 콜레."

어머니도 내게 방언을 받았다. 그래서 어머니도 "랄랄랄라" 하고 방언을 한다. 나와 어머니가 방언하는 것을 듣고 목사님이 강대상에서

성령님, 오늘은 어떤 넥타이를 맬까요?

대놓고 나와 어머니를 비난했다.

"배우지 못하고 무식한 것들이 '랄랄라, 또또또, 빠빠빠, 케케케' 하고 이상하게 기도합니다."

많이 배운 똑똑한 목사님이 그렇게 말씀하셔서 나는 '내가 배운 것이 없어서 이렇게 방언을 하는구나.'라고 생각했다.

그런데 궁금증이 생겼다.

'사도 바울은 방언 말하기를 금하지 말라고 하는데 우리 목사님은 저렇게 방언 말하는 것을 무식하고 배우지 못한 것이라고 왜 난리를 치시지? 그리고 지금은 방언이 끝났다고 하는데 이게 도대체 무슨 소린가? 그러면 사도 바울은 성경을 열세 편이나 쓰신 분인데 그분도 무식한 분인가?'

많은 사람들이 방언이 성경적이지 못한 이상한 것이라 하고 심지어 방언을 하면 이단으로 취급한다. 바울은 자신의 모든 복음 증거가 예수님 은혜로 된 것이라고 자신을 낮추며 말하고 "내가 너희 모든 사람보다 방언을 더 말하므로 하나님께 감사하노라(고전 14:18)."는 말씀에서 분명히 바울은 남보다 방언을 많이 하는 것을 감사히 여겼다. 어머니 교회 목사님이 방언을 무식한 것이라 한 것은 일부러 그런 것이 아니라 방언의 은사를 잘 몰라서 한 말이다. 잘 몰라서 하는 사람의 말에 흔들리지 말고 사도 바울이 성경에 기록한 것처럼 방언함을 하나님께 감사해야 한다.

고린도 교회가 모여 방언을 하니까 방언을 알지 못하는 사람이 그들을 미쳤다 했다. 예수님을 잘 모르고 방언을 모르는 분이 처음 우리 교회에 나와서 모든 교인들이 방언을 하는 것을 보고 오해하는 경우가 자주 있다.

우리 교회는 예수님과 성경을 잘 모르는 새 신자가 왔을 때는 방언을 자재시킨다. 나 역시 처음 방언을 듣고 방언 할 때 주변 사람이 미쳤다고 오해한 적이 있다. 새 신자들이 예배에 참석하고 설교를 듣고 성경 말씀을 듣고 배우면서 예수님과 하나님을 조금씩 알아간다. 그러면서 예수님이 어떤 분이고 방언이 무엇인지 스스로 깨닫기 시작한다. 처음에는 방언이 두렵고 낯설기만 했던 분들이 방언을 사모하게 되고 누구나 방언을 하게 된다.

베드로후서 3장 16절에 '무식한 자'라는 단어가 나온다. 여기서 무식한 자는 누구를 말하는지 알아보자. 신학 공부를 하고 학위를 받고 목사, 박사, 교수가 되어도 하나님의 영이 임하지 않고 자신의 생각으로 목회를 하는 분들이 많이 있다. 목회를 오래 하고 성도가 많아도 목사가 하나님이 주시는 은사가 무엇인지 잘 모르고 받지도 못한다. 이런 사람들이 베드로후서 3장 16절에 나오는 무식한 사람이다. 실제로 관주성경을 보면 베드로후서 3장 16절에 나오는 '무식한 사람'을 은사를 받지 못한 자라고 각주에 적혀 있다.

나는 초등학교 네 번 퇴학 맞고 교도소를 내 집처럼 들락날락 했다.

성령님, 오늘은 어떤 넥타이를 맬까요?

지금은 목사가 되어서 오산리, 한얼산, 대청산, 도곡산기도원, 가나안 수양관 그리고 큰 교회와 전 세계를 다니면서 수천 명을 앉혀 놓고 부흥회를 인도한다. 부흥회 동안 하나님의 영과 방언에 대한 설교를 해도 담임 목사, 기도원 원장, 신학교 교수 아무도 나한테 무식하다는 말을 하지 않는다. 오히려 부흥회나 기도회를 마치면 기도원 원장이나 교회 담임 목사, 장로들이 은혜를 많이 받았다 하면서 부흥회를 또 해 달라고 부탁을 한다. 내가 하겠다는 말도 하지 않았는데 본인들이 날짜를 정해 버리기도 한다. 그런데 몇몇 사람이 어머니 교회 목사님처럼 방언은 무식한 것이라고 비판을 한다. 처음에는 하도 비판하니까 화가 나서 나도 같이 판단하고 정죄하고 싶었다. 하지만 곰곰이 생각해 보고 하나님께 뜻을 물었다. 그러자 하나님이 본인이 은사를 체험하지 못하니까 잘 몰라서 그런 말을 하는 것이라는 마음을 주셨다. 그 다음부터는 그들을 판단, 정죄하지 않고 오히려 그 영혼을 사랑하고 기도해 주어야겠다는 마음이 들었다.

성령님은 하루에 기도를 일곱 시간씩 십 년을 시키셨다. 그렇게 엄청나게 기도하면서 많은 체험을 해 보았다. 성령이 주시는 아홉 가지 은사를 모두 체험했다. 그렇게 오랜 시간, 오랜 기간 반복되는 기도 훈련으로 기도생활이 깊어지니까 눈만 떠도 영안이 열려 있다.

하나님은 어느 순간 말씀을 파게 하셨다. 나는 책하고는 담을 쌓은 사람이다. 삼국지는 재미있어서 잠도 안 자고 본 적이 있지만 다른 책은 조금 읽다가 지겨워서 읽지를 못했다. 어머니가 보시기에 교회도 다니지 않는 큰아들이 스스로 은혜 받는다는 것은 도저히 일어날 수 없는 기적과 같은 일이다. 그래도 어머니가 포기하지 않으시고 내가 돈에 약하다는 것을 알고 제안을 하셨다. 마태복음을 한 번 읽으면 이십만 원을 준다고 하셨다. 나는 이십만 원 준다는 말에 '까짓것 돈 준다는 데 못할 일이 뭐가 있겠어.' 라는 마음으로 마태복음 1장을 폈다. 1장을 읽는데 1절부터 그리스도의 계보가 나와 있다.

마태복음 첫 장에 온통 '낳고, 낳고' 밖에 없고, 듣도 보도 못한 사람들의 이름이 나왔다. 또 헤롯, 베들레헴, 예루살렘, 애굽 등 생전 들어보지 못한 지역이 나오니까 읽어도 무슨 내용인지 알 수가 없었다. 삼국지는 유비, 관우, 장비, 전쟁, 의리, 배신, 장수 등 우리가 살고 있는 세상과 비슷한 세상이 나오니까 "과거에도 그랬구나." 하면서 시간 가는 줄 모르고 재미있게 보았다. 그런데 마태복음은 도대체가 세상과는 아무 관련이 없으니 지겨워서 읽을 수가 없었다. 그 이후로는 아무리 돈을 준다고 해도 듣는 척도 하지 않았다.

그러던 내가 여의도순복음교회에서 방언을 받고 삼각산에 가서 기도하면서 하나님을 만나서 성경을 읽으라는 지시에 순종하고 성경을 읽기 시작했다. 전에는 돈을 준다고 해도 지루해서 읽지 못했던 성경을 하나님이 신구약을 합쳐서 27일 만에 일독을 하게 하셨다. 이OO 목사님이 성령을 받고 성경책을 읽으니 성경이 정말 꿀 송이 같이 달

성령님, 오늘은 어떤 넥타이를 맬까요?

다고 간증을 한 적이 있다. 나는 꿀 송이는 당연한 것이고 얼마나 말씀이 맛있는지 혼자 읽으면서도 "네!, 네!" 하고 대답을 하면서 일독을 했다. 책을 읽은 적이 거의 없고 공부하면 진절머리를 냈던 내가 성경을 꿀 송이 같이 달게 일독을 했더니 설교를 할 때마다 나도 모르게 한 번 읽었던 구절들이 몇 장, 몇 절까지 기억 속에서 줄줄 나온다. 지금도 설교를 하면 설교 내용과 관련된 구절을 성령님이 머릿속에 떠오르게 하신다. 그 말씀을 찾아보면 정확히 내가 증거 해야 할 메시지가 들어 있다.

바울은 공부를 많이 하고 당대 최고의 스승 밑에서 배운 뛰어난 석학이었다. 그런 바울이 성령을 받아 복음을 전하면서 빌립보서 3장 8-9절 말씀에서 지금까지 자신이 배운 것을 모두 배설물로 여긴다고 고백한다. 또 바울은 갈라디아서 4장 9절 말씀에서 세상의 것을 초등학문이라 하면서 사람들이 세상 것에 종노릇하려 함을 탄식했다. 바울은 갈라디아서 1장 11-12절 말씀에서 자신이 복음을 증거 함은 스스로 깨우친 것이 아니고 사람을 통해 배운 것도 아니고 오직 예수 그리스도의 계시로 말미암은 것이라 고백한다. 바울은 사도로 자신이 그리스도의 복음을 전하게 만든 것은 책도 스승도 아닌 바로 성령님이라 고백한다.

성령님은 기도를 하게 하실 때에는 기도하게 하시고, 말씀을 볼 때에는 말씀을 보게 하시고, 말씀을 묵상할 때에는 말씀을 풀어 주시고 그 말씀을 깨닫게 하신다. 몇몇 목사들이 하나님을 머리로 조금 안다고 본인 생각으로 사람들에게 이것저것 지시한다. 조금 잘되는 것 같으면 자기가 시킨 대로 하니까 잘되었다고 하면서 우쭐댄다. 잘되지 않으면 하나님이 도와주지 않아서 그렇다고 하면서 '왜 내가 하나님 일을 하는데 하나님이 도와주지 않느냐?'고 하나님을 원망한다. 바울은 달랐다.

나 역시 지금까지 살아온 것을 돌아보면 목사로서의 자질이 없음을 나 자신이 너무나 잘 안다. 하나님께서 나에게 많은 체험을 주시고 기도를 시키시고 전국을 다닌다고 말씀하신 대로 전국의 큰 교회와 기도원마다 다니게 하셨다. 초등학교를 네 번이나 퇴학을 맞고, 술 마시고 싸움질을 해서 교도소를 내 집 드나들듯 했던 나를 하나님이 목사로 세우시고 오산리기도원에서 부흥회를 하게 하실 줄 누가 알았겠는가? 배운 것 없고 주먹을 믿고 살던 내가 지금은 전국 교회, 기도원마다 다 서게 하시는 것을 보면 지금 나의 나 된 것은 내 능력이 아니라 성령님이 삶의 스승이 되셨기 때문임을 너무나 잘 알고 있다.

무엇이 옳고 그른 것을 아는 자

둘째 동생은 목사이자 신학박사이다. 배운 것이 많아서 설교가 유

성령님, 오늘은 어떤 넥타이를 맬까요?

창하다. 우리 교회에서 일본 신코우에 교회를 세웠다. 교인들이 백여 명 정도가 되는데, 나는 배운 것이 없어서 많이 배운 동생이 교회를 맡았다. 동생이 교회를 맡은 후부터 교인들이 하나씩 교회를 나오지 않기 시작했다. 동생이 자기 지식으로만 교인들을 가르치려 하니까 교인들이 영적 감동이 없어서 교회를 떠나게 된 것이다. 성도들이 하나둘씩 나가더니 거의 다 나가게 되었다. 그러자 동생이 다른 사람의 간섭 받기 싫다고 교회 근처에 월세 삼십만 엔을 주고 새로운 교회를 개척했다. 나도 동생이 있는 곳과 가까운 후나바시에 교회를 세웠다. 5층으로 된 건물에 교회를 세웠는데 금방 교인들이 사, 오십 명이 모였다.

서울에 있는 동안 교회를 통해 선교비가 들어오기 시작했다. 어느 날 하나님께 기도하는데 '르완다에 가라.'는 감동을 주셨다. 르완다에 가고 싶어도 그곳에 가려면 돈이 많이 필요한데 그 정도의 돈은 없었다. 그래서 하나님께 기도했더니 일본으로 가라는 감동을 주셨다. 하나님 말씀에 순종하여 일본에 갔더니 한 성도가 나에게 선교비로 쓰라고 1,300만 엔을 주었다. 특별한 일이 없이 일본에 가도 항상 백만 엔 정도를 가지고 다닌다. 일본을 자주 오가고 한참 일본 선교를 할 때라 하나님이 감동을 주시면 바로 순종하려고 그 정도 돈을 항상 준비하고 다녔다. 그런데 선교비가 1,300만 엔이 또 들어왔다. 그때는 환율이 100엔이 1,000원 할 때라서 원화로 일억 삼천만 원 정도의 돈이었다.

일본에 있는 동생에게 일본에 간다고 연락도 하지 않고 조용히 일본에 갔다. 그런데 어떻게 알았는지 동생에게 전화가 왔다.

"형 오랜만이야."

"동생, 웬일이야."

"형 나 좀 도와줘."

"아니 왜?"

"건물 주인인 일본 사람이 나한테 '조센징 빠가야로'라고 하면서 나가라고 해."

일본말로 빠가야로는 아주 모욕적인 말이다.

"월세도 못내는 주제에 니가 여기서 무슨 선교를 하냐고 소리치고 빨리 나가래. 돈도 못내는 것이 꺼져 버리래."

"다른 목사님한테 전화했는데 다들 지금 어렵데."

"형님 많이도 필요 없어. 한 삼십만 엔만 도와줘! 아니면 빌려 줘. 일본 집주인이 나한테 빠가야로라고 조센징 나가라는 거야."

나쁜 일도 아니고 교회 월세인데 정말 도와주고 싶었다. 동생이 전화로 "형님, 좀 도와주든지 빌려 줘. 내가 나중에 갚을게." 하는데 그때는 정말 어떻게든 도와주고 싶었다. 내가 속으로 기도했다.

'아버지, 우리 동생이 일본 사람에게 교회 월세 삼십만 엔 못 냈다고 빠가야로라는 모욕적인 소리를 들었습니다. 아버지 어떻게 할까요?'

순간에 내 마음에 감동이 온다.

'아들아, 십 엔도 주지 마라.'

성령님, 오늘은 어떤 넥타이를 맬까요?

어쩔 수 없이 동생에게 말했다.

"동생, 미안해. 동생 줄 돈이 없네."

갑자기 동생이 전화에 소리를 지른다. 동생도 얼마나 화가 났는지 소리를 지르는데 차마 입에 대기 어려운 온갖 욕을 퍼부었다. 선교비를 받은 사실을 알고 있는 것 같았다. 동생은 내가 일본에 오면 항상 백만 엔 정도 가지고 다니는 것도 알고 있다. 그러니 내가 돈을 줄 수 없다는 말에 동생 눈이 뒤집어졌나 보다. 동생이 내 옆에 있었으면 정말 무슨 일이 생겼을 지도 모른다. 나중에 동생이 말하기를 형이 돈 받은 것을 알고 있었는데 돈이 없다고 하니 진짜 눈이 뒤집혀서 형이고 뭐고 그냥 어떻게 해 버리려고 했다고 고백했다. 그때 동생이 내 옆에 있었으면 어떻게 되었을지 상상만 해도 정말 소름이 끼친다.

전화상으로 동생이 욕을 하는데 하나님의 지시라 나도 딱히 해 줄 말이 없었다.

"동생, 미안해. 이건 내 돈이 아니라 내 맘대로 쓸 수가 없어."

그러자 동생이 "끊어. 이 씨~" 하고 전화를 일방적으로 끊었다. 동생과 통화하는 것을 다 들은 아내가 얼마나 울었는지 모른다. 나도 마음이 너무 아파서 하나님께 하소연했다.

"하나님, 남의 나라인 중국에 수천만 원씩 들여 교회를 세우고, 얼마 전에 몇천만 원을 주고 필리핀에 교회를 세우고, 미국 하와이에 교회를 세우게 하신 아버지! 왜 친동생 교회 월세 삼십만 엔, 삼백만 원

밖에 안 되는 돈인데 그것을 왜 못 도와줍니까?"

그렇게 하소연을 하고 하나님을 원망했다. 누구를 도와줄 때 잘 생각하고 행동해야 한다. 하나님께 묻지 않고 내 생각으로 함부로 누구를 도와주면 나까지 망한다는 것을 알아야 한다. 무엇이 주님 뜻이고 무엇이 옳고 그른 것을 잘 모르고 자기 생각대로 물질을 사용하니까 하나님이 물질을 맡기지 않는 것이다. 부자인 하나님이 필요하다면 오십억, 백억을 못 주시겠는가. 우리가 무엇이 옳은지 구분을 못하니까 맡기지 않는다.

하나님이 동생을 시험하고 계시다면서 한 푼도 도와주지 말라는 마음의 감동을 주셨다. 결국 동생을 도와주지 않았다. 그 이후로 한 7개월 동안 동생은 나와 원수가 되었다. 동생이 서울에 와도 나한테 연락하지 않았다. 전화 한 번 없었다. 나도 동생에게 미안한 마음에 먼저 전화를 하지 못했다.

그렇게 7개월이란 시간이 지나고 내가 일이 있어서 아내와 동경에 들어갔다. 나리타공항에 내렸는데 동생이 어떻게 알았는지 먼저 전화가 왔다.

"형, 동경에 들어왔다며!"

"어떻게 알았어."

"다 알지!"

누가 형인지 모를 정도로 퉁명스럽게 동생이 통화를 했다. 옛날에

성령님, 오늘은 어떤 넥타이를 맬까요?

는 한 주먹거리도 안 되던 동생이었는데 그때는 나한테 맘먹고 대했다.

"어, 동생, 볼 일 때문에 왔어."

"형, 내가 나리타로 나갈 테니까 나리타에서 기다려."

"아니야. 나오지 마! 내가 너희 집으로 갈께."

"나간다니까!"

동생이 신경질적으로 말해 뜨끔해서 더 이상 거절할 수 없었다.

"그럼 와. 기다리고 있을게."

전에 도와주지 않은 일 때문에 혼날 줄 알고 우리 부부는 동생 주려고 고춧가루를 잔뜩 가져왔다. 나리타공항에 도착한 동생은 우리 짐을 보더니 대뜸 말했다.

"뭐 그렇게 많이 가져와."

"너 먹으라고 가져왔지."

사다 주어도 잔소리를 하니 정말 속이 상했다. 짐을 끌고 공항을 나오니까 동생이 가져온 12인승 차가 보였다.

"새 차 샀네."

"그럼 새 차지!"

동생이 또 퉁명스럽게 대답을 한다. 차에 짐을 실었다. 동생 집은 공항에서 1시간 10분 정도 걸린다. 공항에서 집까지 가면서 조카들의 안부를 물었다.

"애들 잘 있지?"

"그럼 잘 있지! 무슨 일 있었으면 좋겠어?"

동생이 말끝마다 신경질이다. 너무 화가 나서 정말 주먹으로 한 대 때려 주고 싶었다. 동생의 신경질을 받아 주고 있는데 가만히 뒤를 보니까 아내는 자는 척을 하고 있다. 아내도 여러 곳을 다니고 많은 사람을 만나 봐서 아주 고단수다. 동생하고 눈이 마주치면 자기도 한 소리 들을까 아예 자는 척을 했다. 말을 걸 때마다 동생이 시비조로 나와서 말도 걸지 못했다. 차를 타고 가는 동안 잠도 오지 않고 동생 옆자리에 앉아서 잠자는 척 하기도 힘들어 줄곧 창밖만 바라보았다. 1시간 10분 동안을 목을 쭉 내밀고 창밖만 쳐다보는데 나중에는 목이 너무 아팠다. 동생 교회에 도착했다. 차에서 내렸더니 제수씨와 조카들이 인사를 했다. 오랜만에 조카들을 만나서 "잘 있었어." 하면서 애들한테 만 엔씩 주었다. 그랬더니 동생이 또 신경질적인 말투로 말했다.

"돈도 많네. 뭔 놈의 애들을 만 엔씩이나 줘!"

"아이고! 오랜만에 만났으니까 그렇지."

애들에게 돈을 주어도 잔소리다. 제수씨가 가져온 고춧가루를 보고 고마워했다.

"아주버님, 뭘 이렇게 많이 사 오셨어요."

"아, 뭐." 하고 멋쩍어 하는데 동생이 나한테 신경적으로 말했다.

"따라와."

성령님, 오늘은 어떤 넥타이를 맬까요?

"왜 따라와. 싫어."

괜히 따라갔다 싫은 소리를 들을 것 같아서 싫다고 했다.

"따라와."

동생이 명령조로 말했다. 이제 명령까지 하니 더럽고 치사해서 따라 나갔다.

동생을 따라 나섰더니 동생이 사우나 건물로 데리고 갔다. 사우나 2층으로 가서 한참 목욕을 하는데 웬 여자가 나타났다. "저 여자 왜 들어와?" 목욕탕에 여자가 들어와 깜짝 놀라 물었더니 때 밀러 들어온 여자란다. 일본 사우나에서는 여자들이 때 밀러 남탕에 들어온다. 목욕탕에서 여자를 보고 놀라서 얼른 나와서 기모노를 입고 4층에 올라갔다. 4층에 갔더니 다다미를 쭉 깔아 놓은 방에 상이 놓여 있다. 동생이 무엇을 먹을지 물어서 알아서 시키라고 했다. 동생이 어묵과 우동을 시켰다. 음식을 시키고 옆에 앉아 있던 동생이 말을 꺼냈다.

"형, 미안해."

"네가 뭐가 미안해? 내가 더 미안하지."

"형, 미안하다니까."

"알았어."

7개월 전에 있었던 일을 말하기 시작했다. 동생이 말하기를 그때 만약 형이 옆에 있으면 칼로 찔러 죽이려고 했다고 한다. 선교비로 천삼백만 엔을 받은 것도 알고 있었고 평상시 지갑에 돈을 가지고 다니는 것도 알고 있었는데 형이 돈이 없다고 하니까 순간 눈이 뒤집어졌다고 한다. 일본인 주인은 '빠가야로'라고 모욕적인 말을 하면서 나가라고 하는데 형은 돈이 있으면서도 도와주지 않으니 정말 화가 났다고 했다. 그리고 동생이 이렇게 말했다.

"그때 형이 만약에 나를 도와주었으면 평생 형님을 우상으로 섬겼을 거야."

형한테 거절당하고 동생이 하나님께 기도했단다.

'전 이제 목회를 그만하겠습니다. 형님은 배운 것도 없는데 저렇게 물질의 복을 주시고 전 세계를 다니고 전국으로 부흥회를 다니는데 전 뭡니까. 신학박사인데 예수고 나발이고 다 집어치우고 목사 그만두겠습니다.'

제수씨가 남편이 목회를 안 한다고 하니까 "그러면 여보, 우리 20일만 작정 기도하고 목회를 그만두든지 한국으로 돌아갑시다." 하고 하나님께 기도하자고 했다. 부부가 함께 기도했다. 울면서 부부가 기도하는데 3일 정도 지나서 서울 영락교회 권사님이 선교비 천만 원을 보냈다고 한다.

선교비를 보내신 권사님 아들이 일본에 유학을 가 있는데 동생이 목회하는 교회에서 음향을 담당하고 있었다. 한국에 계신 어머니가 교회에서 새벽 기도를 하고 있었다. 어머니가 새벽 기도를 마치고 일본에 있는 아들에게 전화를 해서 일본에 선교비 천만 원을 보내야겠다고

성령님, 오늘은 어떤 넥타이를 맬까요?

했다고 한다. 그 권사님을 통해 일본 동생에게 선교비 천만 원이 들어왔다. 월세 문제는 선교비가 들어오자 바로 해결되었다. 그리고 그 교회를 개척할 때 빚이 사오천만 원 정도 있었는데 한 야쿠자 깡패가 기부금을 내서 그 돈으로 교회 빚을 다 갚았다고 한다. 또 어느 마담이 은혜 받았다고 토요일에 12인승 차를 헌물했다고 한다. 모든 것을 포기하고 싶을 때 자기 마음대로 포기하지 않고 하나님께 전심으로 부부가 기도하자 하나님이 역사하시기 시작하셨다. 그러자 지금까지 동생을 바닥으로 몰았던 문제들이 한 번에 모두 해결되었다.

"그때 형님이 삼십만 엔 도와주었으면 난 아마 평생 동안 형님한테 손 벌리면서 살았을 거야. 이제는 아버지 뜻을 알겠어. 하나님은 내가 환경을 보지 말고 온전히 주님만 바라보기를 원하셨던 거야."

동생이 고백을 했다.

"형님 미안해."

"아니야. 내가 미안해. 그리고 고마워."

그 일로 동생과 사이가 다시 좋아졌다. 동생이 하나님의 뜻을 안 이후로는 내게 돈 소리는 아예 입 밖에 꺼내지도 않는다. 힘들 때마다 그렇게 도와 달라고 했던 동생이 지금까지 한 번도 도와 달라는 말을 하지 않았다.

내가 무엇이 옳고 그른지를 모르면 아버지가 절대로 물질을 맡기지 않는다는 것을 깨달아야 한다. 누구의 가르침도 받지 말고 오직 영의 가르침을 받는 성도가 되어야 한다. 그래야 하나님이 우리에게 물질을 맡기신다. 영적으로 신앙이 어린 자녀에게는 맡기지 않는다.

하나님이 내게 물질의 복을 주시면서 물질을 함부로 쓰면 생명을 데려간다고 말씀하셨다. 그래서 함부로 물질을 쓸 수가 없다. 내가 불순종하면 내 생명이나 가족의 생명을 하나님이 거두실까 두렵기 때문이다.

이 땅에서 빛과 소금이 되는 자

영이 산 자는 이 땅에서 빛과 소금이 되어야 한다. 반드시 깨달아야 할 사실이 있다. 오늘날 성령이 임하면 천한 자가 귀한 자가 되고 세상의 빛과 소금이 된다. 어머니는 날마다 하나님께 아들인 나를 죽여 달라고 하셨다. 그런 나를 하나님은 죽이지 않으셨다. 오히려 나를 목사로 만드시고 가는 곳마다 사람들에게 복음을 전하고 그들에게 성령을 알리면서 귀하게 쓰임 받는 사람이 되게 하셨다.

세상의 빛과 소금이 되기 위해서 다른 것은 없고 오직 나의 영이 살아 있어야 한다. 왜냐하면 영의 가르침을 받으면 자신의 옛 성질과 버릇이 고쳐지기 때문이다. 인간의 힘으로는 혈기와 육성을 변화시키기 어렵다. 우리를 영적으로 변화시킬 분은 하나님 한 분밖에 없다.

성령님, 오늘은 어떤 넥타이를 맬까요?

과거에 나는 아내 없이는 살아도 술과 담배 없이는 못 사는 사람이었다. 술도 어마어마하게 마셨다. 술을 입에 댔다 하면 6개월 동안 계속 술을 마시고 다녔다. 잠시라도 술을 먹지 않으면 몸이 부들부들 떨렸다. 술을 못 마시게 하면 남의 집 유리창을 깨고 가게를 부셔서라도 술을 마셨다. 술을 마시고 행패를 부리고 사람을 야전 도끼로 때려서 교도소를 내 집같이 드나들었다. 그런 생활을 하던 나를 하나님이 하루아침에 술과 담배를 끊게 하셨다. 3년을 술에 입도 대지 않고 살았다.

어느 날 여의도순복음교회에서 제직자 세미나가 있었다. 당시 아들이 "아빠, 엄마" 할 때니까 아들이 두 살 정도 되었을 때였다. 여의도에서 제직자 세미나를 마치고 어린 아들을 오토바이 가운데 태우고 아내를 뒤에 태우고 집으로 향했다. 오토바이를 타고 가는데 배가 너무 고팠다. 근처에 전주비빔밥 집이 있어서 "여보, 우리 배고픈데 전주비빔밥 먹고 갑시다." 하고 아내와 아들을 데리고 들어갔다. 식당에 들어가니까 항아리가 보였다. 항아리 안에 밥풀이 둥둥 떠 있는 동동주가 가득 차 있다. 동동주를 보니까 갑자기 마음속에서 옛날 생각이 나면서 궁금증이 생겼다.

'오랜만에 동동주 마시면 목으로 한 번에 넘어갈까 안 넘어갈까? 안 넘어갈 거야. 아버지가 술을 끊게 하셨는데 그리고 3년 반을 입도 안 댔는데.'

동동주가 목으로 넘어갈지 궁금해서 아내에게 물었다.

"여보, 나 진짜 먹고 싶은 게 아니라 동동주가 넘어가나 안 넘어가나 반잔만 달래 볼게."

"이 양반이! 안돼요."

"아니야, 그냥 넘어가나 안 넘어가나만 볼게." 하고 아내를 안심시켰다.

"아주머니, 여기 전주비빔밥 주시고요. 동동주 반 잔만 주세요."

종업원이 동동주 반 잔을 가져왔다.

사람들이 보고 있었지만 아무도 내가 전도사인지 알지 못했다. 속으로 '아버지, 저 진짜 먹고 싶어서 그런 게 아니라 넘어가나 안 넘어가는지만 보는 거예요. 예수님의 이름으로 기도합니다. 아멘.' 하고 기도를 하고 동동주를 마셨다. 아주 잘 넘어갔다. 3년 반을 술을 먹지 않다가 술을 반 잔 들이키니까 기분이 알딸딸했다.

'넘어가는지 안 넘어가는지 확인을 했으니까 이제 먹지 말아야지.' 하고 아내에게 집에 가자고 했다. 다시 오토바이를 탔다. 아내를 뒤에 태우고 아들을 가운데 태우고 대방동 해군본부 앞을 내려오는 데 노래가 절로 나온다.

"내게 강 같은, 강 같은 평화, 어! 죽인다."

노래를 부르며 내려오는데 갑자기 뒤에서 "으아앙" 하는 아이의 비명소리가 들렸다. 깜짝 놀라서 뒤를 보니까 하나 밖에 없는 아들의 다리가 오토바이 뒷바퀴에 들어갔다. 집안에 장손인 우리 아들이 다리 불구가 될 판이었다. 놀라서 아들 신발을 벗겨 보았는데 신발이 멀쩡하고 양말을 벗겨 보았더니 양말도 멀쩡하다. 그런데 복숭아 뼈 일부가 잘려 나갔다. 피부는 없고 하얀 뼈가 보였다. 하얗게 뼈가 나왔으니 아이는 너무 아파서 말도 못하고 신음소리만 냈다. 바로 병원에 데려갔다.

의사가 다리를 보더니 말했다.

"아니, 어쩌다 애를 이렇게 만들었어요. 이 받쳐 주는 뼈가 다 잘려서 이 아이는 평생 불구로 다리를 절면서 걸어 다닐 겁니다."

불구가 될 거라는 말에 순간 눈이 뒤집어지는데 어떻게 말로 표현을 할 수가 없었다. 그때 하나님 앞에 소리쳤다.

"하나님! 하나님이 허락하지 않으면 새 한 마리도 떨어지지 않는다고 하셨는데 이게 뭡니까?"

나도 모르게 옛날 버릇처럼 욕이 나오는데 절제를 할 수가 없었다.

"집을 불살라 버리고 하나님이고 나발이고. 아이고, 내 다리를 자르지 왜 내 새끼를 병신을 만들어요."

그렇게 하나님을 원망했다.

그때 내 안에서 하나님의 음성이 들려왔다.

"이놈아, 그렇게 네 마음이 아프더냐."

"네 아파요. 바꿔 놓고 생각해 보란 말이에요."

계속 소리를 질렀더니 사람들이 새까맣게 몰려들었다. 아들이 하얗게 질려서 죽어 가는데 내 눈에 주변 사람이고 뭐고 아무것도 보이지 않았다.

그때 하나님이 또 말씀하셨다.

"이놈아 그렇게도 아프냐."

"네 아파요. 바꿔 놓고 생각해 보란 말이에요."

"이놈아 잘 들어라. 네 엄마는 너를 죽여 달라고 기도했지만 너를 쓰려고 여러 은사를 주었다. 그런데 보이지 않는데서 동동주 반 잔을 먹을 때 내 마음이 지금 네가 아픈 것 이상으로 아팠다."

"그러면 아예 애초부터 술을 못 먹게 하시지 그랬어요."

"나는 너에게 자유의지를 주었다."

당시에는 술 마시는 것이 그렇게 하나님이 싫어하시는 일인지 몰랐다. 술 마시는 것도 하나님이 주는 마음인 줄 알았다.

다리 다친 아들을 데리고 집에 왔다. 어머니가 다리를 저는 손자를 보고 놀라셨다. 어떤 일이 벌어진지 다 아신 후 어머니가 나에게 얼마나 욕을 하셨는지 모른다.

"개새끼야! 참새가 방앗간을 지나가겠냐. 개새끼야!"

얼마나 욕을 얻어먹었는지 아마 그때 내 머리가 벗겨지기 시작한 것 같다. 둘째 동생도 어머니하고 함께 나를 마구 몰아 세웠다.

"저런 망나니, 정신병원에 집어넣어 버려야지. 아들 하나 있으면서 불구자로 만들었으니."

어차피 내가 잘못했으니까 욕 얻어먹는 것이야 달게 받겠다. 그런데 눈앞에서 아들이 다리 불구자처럼 걷고 있는 모습을 보는데 정말 그 마음은 겪어 본 사람 밖에는 모른다. 차라리 내 다리가 잘리는 게 나았다. 아들이 한쪽 다리가 아프니까 한쪽 다리로 온몸을 지탱해야 했다. 그러니 어쩔 수 없이 두 다리를 절뚝거렸다. 걸을 때마다 내 심장이 송곳에 찔리는 것 같다. 두 달을 절뚝거리면서 지냈다. 병원에서도 고칠 수가 없다고 하니 삼각산에 올라가서 하나님께 기도했다. 아버지 앞에 절규하며 기도하는데, 기도를 할 때 입에서 핏덩이가 터져 나왔다. 밤에 삼각산에 올라가서 하나님 앞에서 여덟, 아홉 시간을 기도했다.

"아버지, 에스겔 골짜기의 마른 뼈로 군대를 만드신 아버지, 나면서부터 앉은뱅이를 고치신 아버지! 아들 다리 뼈가 잘라졌는데 인간의 능력으로는 어쩔 수 없다는 것을 잘 압니다. 하지만 하나님은 고칠 수 있다는 것을 믿습니다. 아버지 한 번만 우리 아들 다리를 고쳐 주세요. 아들을 절름발이로 만들어 놓고 저는 이제 환자를 위해서 기도 못합니다. 아버지 한번만 고쳐 주시면 제가 양주고, 소주고, 막걸리고 입만 대면 내 다리와 아들 두 다리를 동강내셔도 좋습니다. 제가 도장 찍을게요."

여덟 시간을 울면서 얼마나 부르짖었는지 모른다. 새벽이 와서 날이 환할 때 아버지의 음성이 들렸다.

"너 진짜냐."

"네 아버지, 진짜입니다. 만약에 거짓이면 제 다리, 아들 다리 동강 잘라도 아무 말하지 않겠습니다."

"그래 한 번 보자."

"네. 알겠습니다."

응답을 받고 내려와서 집으로 향했다. 아들 이름이 은수인데 집으로 들어와서 아들을 불렀다.

"은수야, 아빠 왔어. 이리 와."

그런데 이 녀석이 내가 있는 대로 멀쩡하게 뛰어오는 것이 아닌가. 믿기지가 않아서 저리 가서 다시 뛰어 보라고 했다. 아들이 다시 뒤로 가서 나에게 뛰어 왔다. 그 아침에 동네가 내 목소리로 떠나갈 듯했다. 옆에 사는 변호사 집에 "우리 아들이 걸어 다녀요." 하니까 전후 사정을 모르시고 "언제 안 걸었어!" 하면서 이상한 눈으로 나를 쳐다본다.

의사도 못 고친다는 다리가 고침을 받고 아들은 잘 자라서 군대에 갔다. 군대에서 40km를 행군하는데 나중에 그 자리에서 피가 났다. 그런데도 하나도 아프지 않았다고 한다. 주변에서 아들 다리가 고쳐진 것은 기적이라고 했다. 인간의 의술로는 도저히 치료가 안 되는 것인데 나은 것을 보면서 하나님이 고쳐 준 것이라고 했다. 그렇게 술 한 잔 마신 죄로 아들이 불구가 되고, 하나님의 응답으로 불구가 된 아들이 치유되는 기적을 체험했다. 그런 내게 누가 와서 백억을 준다고 해도 내가 함부로 갖겠는가. 천하가 몰라도 나는 가져가지 않는다. 함부로 욕심 부리다 자식이 또 불구가 되면 자녀 앞에서 무슨 낯으로 살겠는가.

시편에서 다윗이 고난당하기 전에는 본인 마음대로 행하다가 고난 후에는 온전히 주의 말씀을 지켰다고 고백한다. 나 역시 술로 인해 아들이 불구가 되는 고난을 당하지 않았으면 아마 부흥회 다닐 때마다 양주를 가지고 다녔을 것이다. 이처럼 영이 산 자는 하나님이 주시는 고난을 통해 세상의 빛과 소금이 된다.

사람들은 하나님이 고난을 주지 않는 사랑의 하나님이라고 착각하고 있다. 고난이 오면 그것이 하나님의 뜻이 아니고 사탄이 하는 것이라고 생각한다. 자신의 잘못은 회개하지 않고 하나님께 고난이 지나가게 해 달라고 간구한다.

나는 하나님이 두렵다. 왜냐하면 하나님 말씀대로 살지 않으면 '내 자식을 쳐 버리지 않으실까, 혹시 내 손자, 손녀를 쳐 버리지 않으실까.' 하고 겁이 나기 때문이다. 실제로 그런 일을 너무나 많이 경험했다. 그러니 날마다 두렵고 떨림으로 살 수밖에 없다.

영이 산 자는 하나님만 바라본다. 세상에 바라볼 것은 하나님 밖에 없다. 나는 교회에 어떤 크고 작은 문제가 있어도 그 누구와 타협하지 않는다. 아내에게도, 장로에게도 묻지 않고 혼자 산에 올라가서 기도

한다.

"아버지, 교회에 이런 문제가 있습니다. 어떻게 합니까? 이 문제를 해결해 주세요."

두세 시간 기도를 한다. 그러면 하나님이 응답해 주신다.

스님이 고기 맛을 알면 절에 빈대가 남아나지 않는다고 기도 맛을 아니까 날마다 하나님만 바라본다. 나를 도울 분은 하나님 한 분 밖에 없다. 영이 산 자는 하나님만을 바라보고 좌로나 우로나 흔들림이 없다. 왜냐하면 자신이 가야 할 목표를 분명히 알기 때문이다. 또 무엇이 옳고 그른 것을 분명히 알기 때문에 주저함이 없다.

나는 하나님만이 나를 온전히 만드시는 분이라는 것을 많은 체험으로 깨달았다. 하나님 말씀 안에서 하나님과 동행하고 온전히 하나님만 바라보고 순종의 삶을 살아 보라. 자녀들이 탈선하지 않는다. 가끔은 자녀 문제로 고난이 있겠지만 고난이 지나가고 반드시 자녀가 하나님 앞으로 돌아온다. 자식은 하나님이 준 선물이라 하셨다. 하나님의 영에 인도받는 삶을 살고 사명을 잘 감당해 보라. 그러면 오히려 자녀에게 축복의 길이 열린다.

성령님, 오늘은 어떤 넥타이를 맬까요?

우리가 죄인인 이유는 아담 때문인가?

시편 49편 20절, 로마서 3장 10절 말씀에서 바울은 의인은 하나도 없다고 했다. 즉 모든 사람은 다 죄인이라는 것이다. 인간은 신이 아니기 때문에 죄를 지을 수밖에 없다. 문제는 무슨 죄를 졌는지 깨닫지 못한다는 것이다. 무슨 죄를 졌는지 모르기 때문에 당연히 죄를 고백하고 회개할 수가 없다. 먼저 하나님과 나 사이의 죄가 무엇인지 알아보고 구체적으로 인간이 어떤 죄를 짓고 있는지 알아보자.

죄는 크게 두 가지로 구분한다. 믿는 사람이나 믿지 않는 사람 모든 사람들이 공통적으로 짓는 죄와 믿는 사람들이 믿음 안에서 짓는 죄가 있다.

누구나 짓는 죄

인간이 살면서 어떤 죄를 짓는지 알아보자. 사람들 누구나 짓는 죄는 생활 속에서 말로 짓는 죄, 마음속에 나쁜 마음을 품은 죄, 나쁜 행실로 인한 죄, 이렇게 크게 세 가지로 나눌 수 있다.

생활 속에서 말로 짓는 죄

생활 속에서 아무 생각 없이 하는 말로 인해 짓는 죄가 있다. 마태복음 12장 36-37절, 잠언 13장 2-3절의 말씀에서 인간이 입으로 복록을 누리고 입으로 저주가 임하고 입으로 심판과 정죄함을 받는다고 하였다. 입을 통해 하는 말이 얼마나 무서운 결과를 가져오는지를 명심해야 한다.

간혹 안 좋은 일이 생기면 자신도 모르게 하나님을 원망하면서 입으로 예수를 부인하기도 한다. 예수님은 우리가 사람 앞에서 예수님을 부인하면 예수님도 이것을 기억하시고 하나님 앞에서 우리를 부인한다 하셨다.

상상해 보라. 생을 마감하고 하나님의 심판대에 섰다. 그렇게 보고 싶고 만나고 싶고 영원히 같이 있고 싶던 예수님이 눈앞에 계신다. 예수님이 하나님 앞에서 "저자가 도대체 누구인지 모르겠습니다." 하고

성령님, 오늘은 어떤 넥타이를 맬까요?

나를 부인한다. 그토록 사랑했던 예수님이 나를 부인하신다. 예수님께 "왜 저를 모르시나요? 저는 예수님을 잘 압니다." 하고 따지면 아마 영화 필름처럼 나의 과거가 보일 것이다. 내가 화가 나서 무심결에 예수님을 부인했던 장면이 나온다. 예수님이 반문하실 것이다.

"네가 나를 부인하면 나도 너를 부인한다고 이미 알려 주지 않았느냐."

무엇이라 대답하겠는가.

"예수님 그때는 힘들어서요."라고 대답하겠는가.

예수님은 이미 수천 년 동안 같은 말을 하는 사람을 많이 보셨다.

하나님은 죄를 덮어 주시는 사랑의 하나님, 용서의 하나님이라고 자기만의 착각 속에 살고 있다. 이생을 마감하는 날 반드시 심판대에 서서 죄를 심판 받는 사실을 알고 있다. 진정으로 하나님의 자녀라면 예수님을 부인하는 것이 얼마나 큰 죄라는 사실을 알고 있어야 한다. 이를 안다면 어떤 상황과 어떤 핍박에도 예수님을 부인해서는 안 된다.

매사에 입을 조심해야 한다. 지금이라도 무심결에 아무 생각 없이 하는 말을 점검해 보아야 한다. 지금 당장 습관적으로 내뱉는 말을 점검하고 부정적인 말을 금해야 한다. 의식적으로라도 부정적인 말을 금해야 한다. 몇 번 의식하고 참았는데 잘 안 된다고 '진짜 내가 변화될까?' 하고 의심하면 안 된다. 물론 쉽지 않은 과정이다. '내가 잘할 수 있을까?' 하는 의심이 생길 수도 있다. 의심은 생각으로만 그치고 입으로는 '안 된다.'라는 말을 하지 말라. '안 된다.'라고 말하려는 자신의 의지와 생각을 꺾고 강권적으로라도 입을 통해 "나는 하나님의 능력으로 변화된다."라고 외쳐야 한다.

자신이 하나님의 자녀임을 확실히 믿는다면 말을 함부로 하지 말아야 한다. 남을 판단하고 정죄하고 험담하는 더러운 입으로 하나님께 백날 기도해도 하나님은 절대 들어 주지 않으신다. 시편 139편 1-5절의 말씀처럼 하나님은 내가 앉고 일어서는 것, 나의 생각, 눕는 것, 가는 길, 모든 행동, 혀의 말 등 나에 대해서 다 알고 계신다.

우리 교회에 자녀가 셋이 있는 여 집사가 있었다. 남편이 바람을 피우고, 노름에 미치고 나중에는 여자에 미쳐서 집에 돈 한 푼 안 갖다 준다고 하소연을 했다. 이야기를 다 듣고 집사님을 위로해 주었다.

"집사님, 좌절하지 마세요. 집사님은 할 수 없지만 하나님은 할 수 있어요. 남편을 미워하지 말고 사탄을 쫓아내 달라고 기도해요."

기도하고 권면을 했다. 여 집사가 밤 12시부터 새벽 2시까지 40일 작정 기도를 시작했다.

하루는 밤에 잠이 안 와서 예배당에 내려왔는데 여 집사님이 지하 예배당에서 기도를 하고 있었다. 통성으로 간절히 기도하고 있었다. 이제 막 기도를 시작한 것 같아 내가 중보기도를 했다.

"아버지, 저 딸의 남편이 여자에 미쳐서 가정을 돌보지 않고 있습니

성령님, 오늘은 어떤 넥타이를 맬까요?

다. 아버지, 사울을 변화시켜 바울이 되게 하신 하나님! 저들도 변화를
받아서 아버지 앞에 쓰임 받게 해 주세요."

한참 내가 중보기도를 하는데 집사님 기도 소리가 들리지 않는다.
집사님이 기도가 끝난 것 같아 내 기도를 시작했다. 강대상 앞에서 기
도를 하는데 내 안에 성령님의 감동이 온다. 강대상의 주변을 쭉 훑어
보았다. 아무것도 보이는 것이 없다. 밤 12시 10분쯤인데 집사님이 기
도를 마치고 우두커니 앉아 있다. 그 밤에 우리 교회에 홀로되신 여자
전도사가 잠이 안 오니까 교회에 나와 있었다.

둘이 이야기하는 소리가 들린다.

"집사님, 남편 좀 돌아왔어?"

"아이고, 전도사님 미치겠어요. 남편이 아주 그냥 첩년에 미쳐 가지
고 돈 한 푼 안 갖다 주고요. 쌀도 떨어져서 아주 미치겠어요. 그러다
노름에 미쳐 가지고 못살겠어요. 지겨워요. 원수 같은 게 죽지도 않고
저러고 살아요."

기도 응답이 없는 경우가 자주 있다. 이것은 하나님이 응답하지 않
는 것이 아니다. 내 입의 죄 때문에 기도 응답이 막혀 버린 것이다. 말
로는 "믿습니다."라고 기도하고 실생활에서는 이와 반대로 자기 입으
로 내뱉은 부정적인 말 때문에 기도 응답을 쏟아 버리게 되는 것이다.
무슨 말을 할 때는 혹시라도 '부정적인 말인가.' '남을 시험 들게 하는
말인가.' '목사님께 불순종하는 말인가.'를 항상 점검해야 한다. 만약에

오해나 문제의 소지가 있는 말이면 입 밖에 꺼내지도 말아야 한다. 회개하고 유익이 되는 말이면 최대한 자신의 생각을 절제하고 누가 봐도 객관적이고 긍정적인 말로 전해야 한다.

특히 하나님께 예배드리는 교회나 교인들 모임에서 말을 조심해야 한다. 필요한 말 외에는 농담이나 그 자리에 없는 다른 사람에 대해 이야기하지 말고 오직 모임을 통해 하나님께 영광 돌리는 말만 해야 한다. 예를 들면 기도, 찬양, 성경 말씀 묵상과 적용, 자신의 죄를 고백하고, 회개하고, 서로 격려하고, 위로하는 대화가 이루어져야 한다.

선지자인 이사야, 하나님 뜻에 합한 사람으로 인정받은 다윗도 자기 입 하나 통제 하지 못하는 나약한 인간임을 인정하고 하나님께 자기 입을 지켜 달라고 간구했다. 하물며 우리는 어떻겠는가. 수시로 입을 통해 범죄하고 있다. 지혜의 왕인 솔로몬도 죽고 사는 것이 혀에 달렸다고 하고 있다.

날마다 주님 앞에 감사하는 말과 긍정적인 말을 하면서 살아야 한다. 본인도 모르게 부정과 불평의 말이 나오면 마음을 다스리고 강권적으로라도 긍정과 감사의 말을 해야 한다.

마음속에 나쁜 마음을 품은 죄

무슨 일이 좀 안 된다고 코가 석 자나 빠져서 "아이고, 왜 안 되나,

성령님, 오늘은 어떤 넥타이를 맬까요?

왜 안 되나." 하고 낙심하면 안 된다. 아무리 상황이 좋지 못해도 '아버지가 더 좋은 것을 주시려고 이렇게 뜸 들이시는구나. 감사합니다.' 하고 인내해야 하는데 보통 한숨만 쉰다.

하나님은 사람을 죽이는 것도 살인이지만 형제를 미워하는 것 역시 살인죄라 하셨다. 형제를 미워함으로 하나님의 축복이 차단된다. 하나님은 살인자의 기도를 들어주시지 않는다. 억울한 일이 있으면 하나님께 맡기지 못하고 직접 찾아가서 "니가 봤어?" 하고 소리치면서 따지다가 본인 혈압이 올라 쓰러지는 것을 자주 본다. 마음을 잘 다스리는 자가 되어야 한다. 뒤에서 물고 뜯고 별의별 이야기를 해도 신경 쓰지 마라. 모든 것은 하나님이 주장하신다. 제일 중요한 것이 내 마음을 잘 다스리는 자가 되는 것이다.

미국 LA 집회를 갔을 때 일이다. 브라질 아마존에 우리 교회에서 세운 교회가 있다. 마침 그곳을 담당하던 선교사가 미국에 나왔다. 이 선교사와 미국 LA 교회 목사와 친구다. 그래서 아마존 담당 선교사가 LA 교회에 머물고 있었다.

LA 교회 사모님은 아주 예쁘장하게 생기셨다. 그런데 사모의 얼굴이 온갖 세상 근심을 다 짊어진 것 같은 표정이다. 교회도 얼마나 어려운지 석유를 사는 것도 쩔쩔맨다. 목사님이 석유를 사는데 내가 옆에서 참견을 했다.

"목사님 가득 채우세요."

"아닙니다. 조금만 채워도 됩니다. 10달러 정도만 사면 됩니다."

"아이고, 가득 채워요."

"아닙니다. 필요한 만큼만 주세요."

처음에는 그 교회 사정에 대해 아무 것도 몰라서 목사님이 몇 달러에 왜 이리 소심한지 의아했다. 가만히 지켜보니까 목사님, 사모님 얼굴에 웃음이 없다. 교회 성도는 쟁쟁한데 교회 목사와 사모가 왜 이리 쩔쩔 매는지 알 수가 없었다.

집회를 하는데 강대상 아래로 내려가서 기도하고 있는 목사와 사모에게 안수했다. 안수하면서 계속 기도했다.

"아버지, 사모님 얼굴이 날마다 밝아야 되는데 세상 오만 가지 근심은 다 짊어졌네요. 사모님 얼굴이 왜 그래요?"

성령님께 물었다.

사모님이 이 땅에서 마음에 한이 맺혀 있다고 성령님이 알려 주셨다. 마침 아내가 집회에 함께 와서 아내에게 부탁을 했다.

"여보, 저 사모님하고 단 둘이 다른 방에 가서 얘기를 해 봐."

아내가 사모와 이야기 하고 오더니 내게 말했다.

"여보, 저 사모님이 두 번이나 죽으려 했대요."

"그래. 왜?" 하고 물었다.

LA 교회 사모의 시부모님도 목회자이다. 문제는 사모가 시어머니를 너무나 미워한다는 것이다. 며느리인 사모님이 시어머니 말만 나오

성령님, 오늘은 어떤 넥타이를 맬까요?

면 소름이 끼친다고 한다. 왜 그러냐고 아내가 계속 물었다.

　두 분이 연애해서 결혼한 후 미국으로 건너가 목회를 하고 아들 둘을 낳았다. 한국에 있는 시어머니는 자녀가 미국에 사니까 경제적 형편이 좋을 것이라 생각했다. 며느리가 명절 때 되면 돈이라도 좀 부칠 줄 알았는데도 그렇게 하지 못했다. 시어머니는 "며느리가 버르장머리가 없다."고 괘씸해 하셨다. 명절날 돈 한 푼 안 보낸다고 며느리가 전화를 해도 받지 않고 며느리를 미워했다. 가끔 전화를 받아도 며느리에게 "끊어."라고 말하거나 아니면 "남편 바꿔." 하고 며느리와 말도 하지 않고 바로 아들과 통화를 했다. 그런 시간들이 쌓이고 쌓이니 며느리는 이제 시어머니 말만 들어도 두려워한다. 아내를 통해 사모가 하는 말을 듣고 강대상에서 기도를 했다.

　"아버지, 시어머니하고 저런 사이가 되서 이렇게 교회가 막혀 버렸군요. 아버지, 이걸 어떻게 합니까?"

　성령님이 지혜를 주신다.

　"사모님! 이제 명절도 얼마 안 남았는데 명절날 시어머니에게 편지를 쓰세요. 편지에 돈 천 달러 정도 넣고 LA갈비 세트를 어머니에게 보내세요. 시어머니하고 전화하지 마시고 편지로 지금까지 상처 받은 마음을 다 풀어 버리세요. 이 땅에서 풀어야 하늘에서 축복이 쏟아진답니다. 사모님 아멘하세요. 사모님, 아멘? 아멘?"

　사모가 끝까지 '아멘'을 하지 않는다. 교인들이 다 보고 있는데도 아멘을 안했다. 내가 "사모님이 수줍음이 많아 속으로 아멘한 줄 믿겠습니다." 하고 말을 돌려 버렸다.

집회가 다 끝났다. 집회를 마치고 호텔로 왔다. 호텔에서 곰곰이 생각해 보았다.

'왜 그렇게 사모가 고집이 세. 아멘도 안 하고.'

분한 마음이 생겼다.

호텔에서 짐을 다 싸고 다음날 아내하고 LA공항으로 갔다. 공항에 갔는데 목사님하고 선교사님만 나오셨다. 로비에서 커피 한 잔을 마셨다. 내가 "사모님은 안 나왔어요." 하고 물었다. 목사님이 "아이고, 설 목사님 너무나 은혜 많이 받았습니다. 감사합니다." 하고 말을 돌려 버리고 사례비를 주셨다. 사례비를 받고 기도를 했다.

"아버지, LA 교회가 앞으로 큰 부흥의 역사가 나타나게 하시고 물질의 어려움 당하지 않도록 아버지가 복을 주세요. 아버지, 사랑하는 목사님 마지막 때 영권을 주셔서 사명 감당하게 해 주세요."

마음에 성령의 감동이 온다. 아내가 나를 보고 말했다.

"여보, 성령님이 사례비 받지 말고 사모님 주래요."

"나도 받았어."

아내도 똑같이 응답을 받았다. 목사님에게 말했다.

"목사님, 이 사례비 내가 축복 기도했으니까 받은 것으로 하고 다시 목사님 드릴 테니 교회에 쓰지 말고 사모님 드리세요."

　　　　　　　　성령님, 오늘은 어떤 넥타이를 맬까요?

사례비를 받지 않고 사모에게 주라고 하니까 목사님이 놀라서 사모 얘기를 시작했다.

"목사님, 사실은 아내가 어제 밤새도록 울어서 눈이 부었습니다. 그래서 오늘 공항에 못 나왔습니다. 사모가 이번에 목사님 통해서 너무나 은혜를 많이 받았습니다."

시어머니에게 용돈 보내 드리고 편지 쓰라고 할 때 왜 아멘 안했냐고 물었다. 이유를 알려 주었다. 우리가 보기에 미국이라는 나라가 잘사는 것 같지만 사실 돈 없으면 굶어 죽는 나라가 미국이다. 목사와 사모가 미국 가서 함께 공부하다 보니 경제적으로 너무 어려웠다. 어쩔수 없이 우선은 급한 대로 카드 빚을 쓰고 이리저리 돌려 막으면서 살았다. 그러다 교회를 개척했다. 교회에서 목사 사례비를 4천 달러를 주었다. 그 돈으로 카드 빚을 갚고 나면 1달러도 남는 돈이 없었다. 그런 형편을 모르고 내가 강대상에서 사모에게 이번에 편지를 쓰고 편지 안에 천 불을 넣고 LA갈비 세트를 보내라고 하니까 사모가 돈을 빌릴 곳이 있어야 아멘을 하는데 당장 돈 빌릴 곳이 없으니 아멘 할 수가 없었다고 한다. 그런 사정도 모르고 '아멘' 하라고 한 내가 나쁜 사람이 되어 버렸다.

목사님에게 "목사님, 절대 목사님이 이 돈 쓰면 안 돼요. 꼭 사모님 갖다 주세요." 하니까 알았다고 하셨다. 그렇게 사례비를 모두 사모에게 드리고 서울로 돌아왔다.

그 다음 해에 오산리 구정 축복성회를 마치고 2월에 멕시코에서 목사님 220명 모아 놓고 집회를 하게 되었다. 칼빈신학교의 김의환 총장님이 가시기 전에 내가 먼저 영성 집회를 하러 갔다. 마침 LA공항을 경유해서 가게 되었다. 전에 LA집회에 갔던 교회 목사님과 만나기로 했다. 당시에는 일반인도 공항 안에 들어와서 서로 만날 수 있었다. 집회했던 LA 교회 목사님이 공항 안으로 들어왔다. 나를 보더니 "목사님" 하고 끌어안는다.

"목사님, 정말 고맙습니다. 고맙습니다."

"왜 그래요. 무슨 일 있어요?" 하고 물었다.

"그때 목사님이 주신 사례비를 아내에게 전해 주었습니다. 아내가 어머니에게 아주 장문의 편지를 썼습니다."

사모님이 편지를 정성스럽게 쓴 후 시어머니께 보냈다. 시어머니가 그 편지를 읽고 많이 우셨다고 한다.

한번은 내가 시어머니 사시는 곳 근처에서 부흥회를 했는데 시어머니가 부흥회에 왔다. 나를 붙잡고 자기가 그 나쁜 시어머니라고 하면서 말씀을 하셨다.

"목사님, 나는 며느리가 그렇게 고생하는지 몰랐어요. 미국 가면 다 잘 사는 줄 알았어요. 그동안 아주 버릇없는 며느리를 만났다고 며느리를 미워했어요. 내가 죄가 많습니다. 제가 나쁜 시어머니예요."

그 어머니는 며느리 편지를 받고 전화로 두 시간 동안 며느리와 통

성령님, 오늘은 어떤 넥타이를 맬까요?

화하면서 그동안 쌓였던 오해의 실타래를 다 풀어 버렸다고 한다.

미국 LA 목사님 교회에 김 집사라는 분이 있다. 이분이 LA에서 수영장이 있는 아주 큰 집을 가지고 있고 슈퍼마켓을 하는데 목사님하고 사모님은 쫄쫄 고생을 해야지, 배부르고 등 따뜻하면 기도를 안 한다고 알고 있었다고 한다. 알아도 참 나쁘게 알고 있어서 내가 "아니, 왜 목사님이 쫄쫄 고생을 해야 됩니까." 하고 물었다. 그랬더니 자기도 모른다고 그냥 그렇게 알고 있었다고 한다. 내가 "목사님은 성도를 위해 기도하고 말씀 전하는데 성도들이 목사님을 도와주어야지 누가 도와주어요." 하고 권면했다. 집회에서 은혜를 받은 그 집사가 나하고 상담한 날 사모님을 찾아가서 "사모님, 제가 잘못했습니다. 제가 잘못 알았어요." 용서를 구하면서 사모님 카드 빚을 다 갚아 버렸다고 한다. 현금으로 만 불을 주었다고 한다. LA 집회 때 내 사례비도 그 김 집사가 했다.

사모와 시어머니의 관계가 풀어진 이후로 교회의 물질 문제가 풀어지기 시작했다. 사모가 시어머니와의 문제를 풀고 나자 교회 성도들 가정이 복을 받기 시작했다. 사모가 미워하는 마음을 버리고 땅에서 풀어 버리니까 하늘의 축복이 열렸다. 누구를 미워하고 증오하는 마음이 있으면 하나님께 복 받을 생각은 꿈도 꾸지 말아야 한다. 땅에서 모든 문제를 다 풀어 버릴 때 하늘에서 복을 주신다.

하나님은 살아 계신다. 내 옆에 항상 계신다. 이제 이 땅에서 섭섭

하고 분한 마음이 있으면 다 풀어 버리고 마음을 깨끗이 하여 하나님의 은혜를 받아야 한다. 이것이 안 되면 복 받을 생각은 꿈도 꾸지 말아야 한다. 그래서 가장 힘든 것이 마음을 다스리는 것이다. 하나님은 반드시 마음을 달아 보신다.

나쁜 행실로 인한 죄

부부지간에 서로 인정받고 또 자녀들에게도 부모로서 인정받아야 한다. 자식을 보면 부모를 알 수 있고, 부모를 보면 자식을 알 수 있다. 부모가 자녀에게 신앙의 본보기로 인정받아야 한다.

또 같은 기독교인에게도 인정을 받아야 한다. 전에도 언급했지만 하늘과 땅 중에 하나님은 땅이 먼저라 하셨다. 땅에서 먼저 인정을 받아야 한다. 남편과 자녀들에게 인정받고 한 단계 더 나가서 같은 교인들에게 인정받아야 한다. 그러면 비로소 하나님이 인정해 주신다. 중요한 것은 이 땅에서 먼저 옳은 행실로 인정을 받을 때 하나님이 인정한다는 것이다.

말라기 2장 7절 말씀에서 하나님은 "제사장은 여호와의 사자"라고 했으며, 고린도후서 5장 20절에서 "사도는 그리스도의 사신"이라고 했다. 따라서 하나님께 인정받는다는 것은 담임 목사에게 인정을 받는 것이다. 담임 목사에게 인정받으면 곧 하나님께 인정을 받는 것이다.

성령님, 오늘은 어떤 넥타이를 맬까요?

아무리 본인이 잘났다고 본인 생각으로 행동을 해도 담임 목사에게 그 행동이 인정받지 못하면 하나님의 인정을 받을 수 없다.

본인이 은혜 받았다고 목사님에게 "목사님! 기도 좀 하세요. 왜 이렇게 세상적으로 하세요." 이런 식으로 교만하게 말하면 안 된다. 담임 목사님이 목회를 하는데 어려움이 있거나 세상적인 방법으로 목회를 하시면 비판하거나 정죄하지 말아야 한다.

사탄이 가장 많이 공격하는 사람이 담임 목사이다. 수천 명의 교인을 공격하는 것보다 담임 목사 한 사람을 넘어뜨리면 수천 명의 교인도 함께 쓰러진다는 것을 사탄은 너무나 잘 알고 있다. 그래서 사탄은 담임 목사 개인과 가족에게 상상할 수 없는 엄청난 시험과 영적 싸움을 일으킨다. 담임 목사는 항상 영적 싸움터에서 그들과 맞서고 있다. 성도 한 명은 영적 싸움에서 휴전과 정전이 있지만 담임 목사는 365일 영적 싸움터에 놓여 있다. 담임 목사가 영적 싸움에서 밀리고 있다 해도 담임 목사는 엄연히 하나님이 인정하신 그리스도를 대신하는 사신이다. 담임 목사가 영적 싸움에서 넘어지거나 쓰러져도 그것이 세상적인 유혹이라 하더라도, 세상 유혹 역시 사탄이 주는 영적 공격임을 알고 담임 목사를 비판하거나 정죄하지 말아야 한다. 담임 목사가 성령의 이끌림을 받아 영적 싸움에서 이겨 오직 하나님을 경외함으로 지혜와 명철이 임하도록 중보해야 한다. 주의 종을 위해 기도하면 하나님이 정말 기뻐하신다. 하나님은 중보기도하는 성도들을 위해서라도 담임 목사를 영적 전쟁에서 일으켜 세우신다.

하나님께 인정받는 행동을 한 성도들에게는 하나님이 정말 기쁜 마음으로 복을 주신다. 그런데 주변 사람에게 "저 사람이 권사래. 매일 싸움질이나 하고 남의 험담하는 저런 사람을 교회에서 권사 직분을 주었대. 하긴 목사도 똑같은데 뭐."

이런 말을 들으면 안 된다. 하나님의 영이 임하는 성도와 목사는 주의 영을 통해 사람을 정확히 잘 본다. 나 역시 내 앞에서 아무리 아부를 떨어도 그것이 가식인지 진실인지 알 수 있다. 나는 잘 모르지만 성령님이 나에게 알려 주신다. 반면에 담임 목사가 성도를 볼 때 자기도 모르게 하나님께 '아버지, 아무개 저 집사님 저렇게 진실하잖아요. 하나님, 저 가정에 하늘 문을 열고 축복해 주세요.' 하고 눈물의 기도가 나오는 성도가 있다. 그런 성도는 하나님께 인정받는 것이고 담임 목사의 기도대로 복을 받는다.

믿는 사람들이 짓는 죄

지금까지 기독교인이 아니어도 누구나 다 알 수 있는 죄에 대해 언급했다. 이제는 예수님을 주인으로 삼는 기독교인들이 짓는 죄에 대해 알아보도록 하자.

성령님, 오늘은 어떤 넥타이를 맬까요?

믿는 사람들이 짓는 죄는 첫째는 생활 속에서 짓는 죄, 둘째는 말씀 속에서 짓는 죄, 셋째는 영으로 짓는 죄 이렇게 세 가지가 있다.

하나님의 자녀들이 생활 속에서 짓는 죄

우리는 불법이 성한 세대에 살고 있다. 하나님 말씀과 성령의 지시에 따르지 않고 자기 멋대로 법을 만든다. 십일조를 예로 들어보자. 십일조는 자기 멋대로 하면 안 된다. 십일조는 반드시 내가 몸담고 있는 교회에 드려야 한다. 십일조로 감사 헌금이나 선교비 등을 하면 안 된다. 십일조를 하나님 말씀대로 행할 때 하나님이 주시는 복을 받을 수 있다. 십일조는 본 교회 목사님과 교회를 위해서 쓰라고 하나님이 주신 돈이다. 자기 멋대로 사용하면 죄를 짓게 된다. 주일을 지키는 것도 잘 알고 지켜야 한다. 주일도 반드시 본인이 몸담고 있는 교회에서 지켜야 한다. 주일을 다른 곳에서 보내서 목사님을 근심 시키면 안 된다. 여행을 멀리 가서 그 근처 가까운 곳에서 예배를 드리고 본 교회 주일을 지키지 않으면 담임 목사님이 교인에게 혹시라도 무슨 일이 있나 하고 근심하게 된다. 이런 것들은 분명히 잘못된 행동이다. 어쩔 수 없는 상황이었다고 자기 멋대로 법을 만들면 안 된다. 그러니까 불법이 성하다는 것이다. 구약시대 같았으면 돌팔매질을 당할 수도 있는 일이다.

말씀 따로 행동 따로 행하고 있는 지금 이 시대를 '말씀대로 행하지 않는 시대'라고 한다. 말씀이 육신이 되는, 즉 하나님이 말씀하신 대로 내 육신이 지키고 행하는 삶을 살아야 한다. 그러기 위해서는 말씀을 많이 알고 있어야 한다. 말씀을 많이 알아야만 육신이 그 말씀대로 행할 수 있다. 말씀을 모르면 행동을 분별하지 못하고 자신의 행동 때문에 하나님께 죄를 지을 수 있다.

말씀 속에서 짓는 죄

믿는 사람들이 말씀 속에서 짓는 죄가 있다. 예수님은 인간이 떡으로만 사는 것이 아니라 말씀으로 사는 것이라 하셨다. 떡은 육신의 건강을 주고 말씀은 내 영혼의 건강을 준다. 요한삼서 1장 2절의 말씀처럼 영혼이 잘 되야 범사가 잘 되고 강건하다. 육신이 잘 된다고 내 영혼도 함께 잘되는 것은 아니다. 따라서 매일 말씀을 읽고, 암송하고, 묵상함으로 영혼의 건강을 유지해야 자신의 생명을 유지해 갈 수 있다.

말씀을 아는 것에만 그치지 말아야 한다. 일이 좀 안 된다고, 마음에 들지 않는다고 하나님 말씀을 의심하고 다른 사람을 판단, 정죄하지 말아야 한다. 말씀이 육신 되는 것은 말씀을 머리로만 아는 것이 아니라 말씀대로 실천하며 산다는 것이다.

성령님, 오늘은 어떤 넥타이를 맬까요?

나이가 칠십인데 평생 시집을 가지 않고, 주를 위해서 사는 기도원 원장님이 있다. 어느 날 그분이 삼성병원에 입원을 했다는 연락이 왔다. 옆구리에 돌이 생겨서 수술을 해야 한다고 했다. 그때 강원도 춘천에 부흥회를 하고 있는데 그분에게 전화가 왔다.

"설 목사님, 내가 기도하는데 설 목사님 불러다 기도 좀 하래."

그렇게 말하니 가지 않을 수가 없어서 부흥회 중간에 병문안을 갔다. 그때 삼성병원에 처음 가 보았다. 병원 12층에 올라갔더니 병실이 얼마나 좋은지 모른다. 원장님이 나를 보자마자 하소연을 한다.

"목사님, 나 아무래도 죽으려나 봐 너무 아파. 옆구리에 돌멩이가 차서 암인지 모르겠어."

돌이라고 해서 대수롭지 않게 생각하고 기도를 했다.

"하나님, 평생 시집 안 가고 주를 위해 사는 원장님이 왜 이렇게 옆구리가 아픕니까? 아버지, 수술 날짜가 잡혔다는데 주님이 깨끗하게 수술해 주시리라 믿습니다."

기도해 주고 춘천으로 돌아가서 부흥회를 마치고 목요일 밤에 집으로 왔다. 금요일 아침에 새벽같이 기도원 총무에게 전화가 왔다.

"설 목사님, 원장님 아무래도 돌아가실 것 같아요. 수술하고 데굴데굴 구르는데 설 목사님 빨리 오셔서 도와주세요."

위급한 것 같아서 병문안을 갔다. 병원에 갔더니 살이 쫙 빠져서 뼈만 남았다. 원장님이 나를 보더니 죽을 것 같은 목소리로 말한다.

"나 죽겠어. 이제는 기도원도 내놔야겠어."

"원장님, 우리 잠깐 저기 나갑시다."

둘이 함께 12층에 로비 근처에 휴식 공간 같은 곳으로 갔다. 주변에 아무도 없었다.

"원장님, 앉으세요."

나무 바닥에 무릎을 꿇었다. 원장님 옆구리를 대면서 기도했다.

"아버지, 원장님이 수술을 했는데 왜 이렇게 고통스러워 할까요? 하나님, 오늘도 이렇게 살기 힘들 정도로 아픈데 왜 이렇게 아플까요?"

기도를 하는 중에 성령님의 감동이 온다.

'아들아, 내가 왜 옆구리에 창이 찔렸는지 아느냐?'

무엇인가 깨달아져서 계속 물었다.

'왜 옆구리에 창을 찔리셨죠?'

'너희들이 마음으로 미워하고 판단하고 정죄하고 남을 원망하는 죄 때문에 내 옆구리에 창이 찔렸다.'

'아버지, 원장님은 일평생 시집도 안 가고 주를 위해 사는데 무슨 죄를 지었다고 옆구리에 그랬어요?' 하고 계속 물었다. 그랬더니 성령님이 그 이유를 알려 주셨다.

'아들아, 이 원장이 마음으로 목사들을 칼질했다.'

'그게 무슨 말이에요.'

원장님이 계신 기도원에는 전국에 유명한 목사들이 기도회를 인도

성령님, 오늘은 어떤 넥타이를 맬까요?

한다. 웬만한 목사는 본인이 인도하고 싶어도 강대상에 세우지 않는다. 한 번 세우고 기도원 원장이 마음에 들지 않으면 다 잘라 버린다. 이 원장님이 목사들 설교를 들으면서 마음속으로 목사들을 판단하고 정죄했다고 알려 주셨다.

'야, 저분 진짜 설교 잘하신다.'

'저 목사가 오면 설교가 좋아서 성도들이 은혜 받고 헌금도 많이 나오네. 저 목사님은 이번에 사례비 많이 주어야지. 그리고 다음에 또 불러야지.'

어느 목사님이 설교할 때는 판단과 정죄를 한다.

'아이고, 저것도 설교라고 하나. 아주 읽어라 읽어. 저러니까 교회가 부흥이 안 되지. 저런 사람을 내가 어떻게 또 세우나. 두 번 다시 세우지 말아야지. 이번에 사례비 조금 주고 잘라 버려야지.'

이러면서 목사님들을 칼질을 했다고 성령님이 알려 주셨다. 원장이 아픈 이유를 깨닫고 원장님 들으라고 이렇게 기도했다.

"아버지, 저도 전도사들이 설교를 저 따위로 하냐고 얼마나 판단했는지 몰라요. 이 원장님처럼 저도 그랬어요. 원장님도 설교를 듣고 사람인데 저처럼 얼마나 그랬겠습니까."

그랬더니 원장님이 막 울고 난리가 났다. 나는 덩달아 더 크게 기도했다.

"이제 주여, 잘못했습니다."

원장님은 계속 우셨다.

"아버지, 이제 원장님이 회개하고 있으니 용서해 주세요. 아버지, 원장님이 너무나 통증이 온다니 이걸 고쳐 주시고 앞으로 주님 때가 임박한데 이렇게 건전한 기도원 사역을 해야 되잖아요. 그러니 원장님 고쳐 주세요." 하고 기도를 마쳤다.

"원장님, 저 이번에 멀리 가니 전화하지 마세요. 요즘 바빠서요. 안녕히 계세요."

"알았어요. 이제 전화 안 할게요. 설 목사님! 잘 가요. 고마워요." 하고 엘리베이터를 타고 병실로 돌아가셨다. 그리고는 얼마 후에 아내와 큰딸이 병문안을 갔다. 과일을 사 가지고 병실로 들어갔더니 원장님이 짐을 싸고 퇴원 준비를 하고 있다.

아내가 물었다.

"어떻게 된 거예요?"

"어제 설 목사가 와서 회개하고 엘리베이터 문이 닫히고 돌아서는데 통증이 딱 멈췄어요."

그날 우리 집에서 와서 주무시고 갔다. 지금도 멀쩡하게 잘 계신다. 그 이후로도 집회를 계속 해 달라고 해서 지금도 계속 그 기도원에서 하고 있다.

하나님은 인간 스스로의 의지로는 말씀이 육신이 되지 못 한다는 것을 아시고 질병을 통해 깨닫게 하신다. 고린도전서 4장 3-5절 말씀

성령님, 오늘은 어떤 넥타이를 맬까요?

에서 사도 바울은 자신도 자신을 판단하지 않고, 자신을 판단할 이는 오직 하나님 한 분이라고 했다. 그러니 아무도 판단하지 말라고 했다. 우리는 예배를 드릴 때 마음으로 얼마나 목사를 판단을 하는가.

'목사님이 설교를 못하네.'

'아이고, 오늘 했던 설교 또 하네.'

마음으로 누구를 판단하지 말아야 한다. 목회자들이 전도사 때는 덜한데 일단 목사가 되면 다른 목사가 자신과 안 맞는다고 '이단이다, 삼단이다, 사이비다.' 하고 판단을 한다. 교회에서 예수를 부인하지 않는 이상 이단 소리를 함부로 하면 안 된다.

어느 목사님이 안양에서 부흥회를 하는데 다른 목사님 이름을 거론하면서 "그분은 이단입니다."라고 소리치는데 나도 모르게 "아멘! 아무개 목사님 이단입니다." 하고 따라 말했다. 그러자 바로 하나님의 불호령이 떨어졌다.

'이놈아, 네가 하나님이냐. 이놈아, 왜 이단 소리를 함부로 하느냐.'

성령님이 이단 소리를 듣는 목사가 '예수 안 믿는 영혼들이 죽으면 구천을 헤매다 사람 속에 들어간다.'라고 주장하는 것이 잘못된 주장이라고 알려 주셨다. 나도 귀신 들린 사람하고 대화를 해 보았다.

"너 언제 들어갔냐?"

"100년 전에 행주산성에서 굿하던 무당 귀신이다."

"내가 8년 전에 죽은 아무개 귀신이다."

이 말은 귀신이 거짓말로 우리를 속이는 것이다.

누가복음 16장 19-23절 말씀에서 부자와 거지 나사로가 나온다. 둘이 죽은 후에 부자는 음부에 갔고 거지 나사로는 아브라함이 있는 낙원에 갔다. 예수를 믿던 믿지 않던, 사람이 죽으면 음부와 낙원에 간다고 성경은 말하고 있다. 예수를 믿지 않는 사람이 죽으면 구천을 떠돌다 다른 사람에게 들어간다는 말은 성경 어디에도 나와 있지 않다.

베드로후서 3장 16절의 말씀처럼 하나님의 말씀을 억지로 풀면 멸망에 이를 수 있다. 성경을 잘못 해석한 분이 예수를 부인하지는 않았기 때문에 함부로 이단이라는 말을 하면 안 된다. 사람인지라 잘 몰라서 하는 말이지 예수님을 부인하거나 자신이 예수라고 하지는 않았다. 예수를 부인하고 자신이 예수라고 하는 자들이 이단이지 본인 생각과 맞지 않는다고 무조건 이단이라고 판단하면 안 된다. 다른 사람을 함부로 이단이라고 판단하는 것이 하나님 앞에 큰 심판을 받는 죄임을 알아야 한다.

어느 교회에 가도 남을 판단하고 정죄하지 말라는 말을 다른 말보다 많이 듣게 된다. 교회 직분자들이 안 좋은 행동을 해도 판단하지 말고 '아 그래, 저런 권사님도 있고 다른 권사님도 있구나. 저런 권사님 보지 말고 잘하는 권사님 본받아야지.' 하고 자기를 돌아보아야 한다. 앞으로 직분자들을 보고 '아니 어떻게 목사님은 저런 사람을 권사를 주었어.' 하고 판단하지 말라. 그분이 판단 받을 행동을 했다면 하나님

성령님, 오늘은 어떤 넥타이를 맬까요?

이 심판하신다. 하나님의 심판대에 가 보아야 그 사람이 주님 뜻에 합당한 행동을 했는지 알 수 있다. 그러므로 이 땅에 사는 날 동안 남을 심판하지 말고 오직 하나님 말씀대로 영혼과 육신을 지키며 살아야 한다.

마태복음 7장 21절 말씀에서 예수님은 하나님 뜻대로 행하는 자가 천국을 유업으로 받는다고 하신다. 하나님 말씀은 일점일획도 변화가 없다. 말씀보다 자신의 경험과 체험이 앞서면 안 된다. 항상 말씀 중심으로 살아야 한다. 나도 귀신들과 대화를 해 보았다. 그랬다고 그 내용을 함부로 말하고 다니지는 않는다. 왜냐하면 목사인 내가 먼저 항상 말씀 중심이 되어야 하기 때문이다.

말씀보다 체험이 앞서다 보니까 인간이 하나님의 말씀에서 짓는 죄를 짓게 된다. 지금부터라도 자신을 돌아보자.

믿는 사람들이 영으로 짓는 죄

마지막으로 믿는 사람들이 영으로 짓는 죄가 있다. 요한복음 4장 23-24절에서 예수님은 하나님은 영이라 하셨다. 하나님은 영으로 우리의 일거수일투족을 다 지켜보고 계신다. 그러면 하나님의 영이 어디 계실까? 그분은 항상 내 안에 계신다. 예수님은 하나님이 보내신 성령이 모든 것을 가르치고 하나님이 말한 모든 것을 생각나게 한다고 하셨다. 다시 강조하지만 스승을 통해, 책을 통해 배워서 아는 것이 아니라 성령이 모든 것을 가르치신다. 본인이 생각하는 것이 아니라 하나님이 생각나게 하신다. 이 말을 명심하고 영으로 짓는 죄를 생각해 보면 왜 죄가 되는지 쉽게 알 수 있다. 영으로 짓는 죄는 다시 세 가지로 구분할 수 있다.

성령의 음성을 무시한 죄

성령은 왜 오셨는가. "이와 같이 성령도 우리의 연약함을 도우시나니 우리는 마땅히 기도할 바를 알지 못하나 오직 성령이 말할 수 없는 탄식으로 우리를 위하여 친히 간구하시느니라(롬 8:26)."는 말씀처럼 성령은 나를 도와주러 오셨다. 내가 연약하기 때문에 혼자서는 살 수 없으니까 도와주기 위해 성령이 오셨다. 그런데 나를 도우러 오신 성령의 음성을 무시하고 있다.

일본에 있는 둘째 동생의 부인이 영적으로 은혜를 많이 받았다. 이름은 성실이다. 제수씨가 만삭일 무렵이었다. 당시 우리 집에 장독대를 헐어서 만든 개인 기도실이 있었다. 제수씨가 밤 10시쯤 기도실 근처에 앉아 빨래를 하는데 마음에 성령의 감동이 왔다.

"성실아! 빨래하고 기도실 가서 기도하고 방에 가서 자라."

성령님, 오늘은 어떤 넥타이를 맬까요?

기도실이 음침하니까 제수씨가 속으로 이런 생각을 했다.

'아버지! 초막이나 궁궐이나 내 주 예수 계신 곳이 다 하늘나라잖아요. 굳이 골방에만 계십니까? 빨래 끝내고 방에 들어가서 기도하고 잘게요.'

성령의 지시를 무시하고 방에 들어가 잤다. 보기에 별 것 아닌 것 같지만 하나님에게 큰 죄를 진 것이다. 성령님이 골방 가서 기도하라고 지시하면 무슨 일이 있어도 순종하고 기도해야 했다. 그날 제수씨가 방에 들어가서 자는데 밤부터 머리가 아프다고 난리가 났다. 당시 나는 방언이 터지고 성령의 음성을 들어서 집사인데도 전국에 기도하러 다녔다. 환자에게 손만 대면 앉은뱅이가 벌떡 일어나고 아픈 부위가 까맣게 타버렸다. 제수씨가 특별한 원인 없이 아프니까 어머니가 내게 전화를 했다.

"너 어디냐?"

"어머니, 마포에 있는 환자 집에서 기도하고 있어요."

"빨리 와라. 니 제수씨가 다 죽어 간다."

"왜요?"

"어젯밤부터 데굴데굴 구르는데 임신 중이라 약도 못 쓰고 큰일났다."

"어머니 안돼요. 두 집 더 기도하기로 약속했으니까 제가 여기서 기도할게요."

"이놈의 자식, 남의 환자가 중요해 빨리 안 와?"

어머니가 그러든지 말든지 기도해 드리기로 한 두 곳을 마치고 10시 반쯤에 숨을 쌕쌕거리고 집으로 뛰어갔다. 동생 방을 "할렐루야!" 하고 들어갔다. 어머니하고 둘째 동생이 정신없이 왔다 갔다 하고 있다. 제수씨는 방에서 "아야야, 아야야" 하면서 머리가 아프다고 난리를 치고 있다. 평소에는 그렇게 수줍음이 많고 얌전하던 제수씨가 머리가 너무 아파서 어찌할 바를 모르고 있었다. 제수씨 옆에 가서 무릎을 꿇고 제수씨 머리에 손을 대고 기도했다.

'아버지, 우리 제수씨 왜 이리 머리가 아파요?'

기도하는 데 성령님이 마음에 감동을 주신다.

'내가 김성실에게 기도하라는 생각과 마음을 주었다.'

'아버지, 주님이 기도하라는 생각을 주었는데 제수씨가 기도를 안하니까 귀신 들어갔네요.'

'아들아, 맞다.'

제수씨 이마에 손을 대고 방언으로 기도를 했다.

'우리 제수씨 머리를 아프게 하는 귀신아! 예수 이름으로 너는 물러갈지어다.'

계속해서 방언 기도를 했다. 마음에 성령의 감동이 온다.

'아들아, 떠나갔다.'

"감사합니다. 예수님 이름으로 기도합니다. 아멘." 하고 기도를 끝

성령님, 오늘은 어떤 넥타이를 맬까요?

내자 제수씨가 벌떡 일어났다. 화장대에 가더니 헌금 봉투를 가지고 온다. 헌금 봉투를 주고 내 앞에 무릎을 꿇는다.

"아주버님, 여기 있습니다."

"아니, 제수씨 왜 그래요?"

"아주버님이 '할렐루야' 하고 들어오니까 제 몸에서 하얀 소복에 머리를 산발한 여자가 툭 튀어나왔어요. '요년~' 하고 저를 쳐다보는데 꼼짝을 못하겠더라고요."

"그런데 아주버니가 들어와서 손을 대고 기도하니까 귀신이 떠나 버렸어요."

제수씨처럼 우리에게도 성령님이 '기도 좀 해라.', '너 철야 기도해라.', '너 전도 좀 해라.' 하시면서 많은 지시를 한다. 순종하지 못하고 그 말을 무시해 버린다. 그러니 어떻게 성령님이 도와주시겠는가. 비단 우리 제수씨에게만 해당하는 이야기가 아니라 모두에게 해당하는 이야기이다.

하나님은 성령의 지시에 바로바로 순종하는 훈련된 자를 쓰신다. 자신도 모르게 또는 알면서도 힘들다고 성령의 음성을 무시한 죄를 회개해야 한다. 성령님은 연약한 나를 고난에서 도와주시려고 '기도 좀 해라, 전도 좀 해라, 구제 좀 해, 금식 좀 해, 너 가서 누구 좀 도와주어라, 왜 자꾸만 움켜 쥐냐.'라고 하시면서 고난을 피할 방법을 알려 주신다. 아무리 알려 주어도 마이동풍이다. 그냥 한 귀로 듣고 한 귀로

흘려버린다. 알려 주어도 순종하지 않는 자를 성령님이 어떻게 도와주시겠는가. 성령의 지시에 불순종했는데도 지금까지 살아 있는 것이 기적이다. 지금 살아 있는 것 자체만으로도 아직도 성령님이 나를 천국으로 인도하려 하신다는 것을 깨닫고 감사하고 순종하기를 바란다.

사탄의 음성을 분별하지 못한 죄

믿는 자들이 하나님의 음성과 사탄의 음성을 분별하지 못한 죄가 있다. 디모데전서 4장 1-2절 말씀처럼 성령의 지시에 순종하지 않으면 미혹의 영과 귀신의 가르침을 받는다. 결국에는 양심이 마비되어 아무 거리낌 없이 거짓말하는 사람이 된다. 하나님의 음성과 마귀 음성은 1초, 2초 사이에 왔다 갔다 한다. 바쁘다는 핑계로 주일을 지키지 못한 죄, 급한 일이 있다고 주일을 다른 교회에서 보낸 죄, 형편이 어렵다고 아니면 돈이 아깝다고 십일조를 내지 않는 죄가 바로 사탄이 주는 음성을 분별하지 못해서 지은 죄이다.

하나를 알려 주자면 십일조를 따로 챙겨 두셨으면 오래 두지 말고 바로 내야 한다. 어느 기도원에 갔는데 거기 영계 깊은 분이 오셨다. 집회 때 그분이 십일조로 백만 원을 따로 챙겨 두었는데 새 돈이 들어왔으면 새 돈으로 바꿔서 내는 것이 맞는지 질문을 했다. 나는 당연히 하나님께 드리는 것이니까 분별되게 새 돈으로 바꿔 내는 것이 맞다고 생각했다. 그분이 그것은 큰 죄라고 했다. 하나님께 십일조로 이미 구별된 돈 100원을 챙겨 놓았으면 그것을 온전히 드려야 한다. 헌돈을 새 돈으로 바꿔서 내겠다는 것은 인간의 생각일 뿐이다. 하나님은 헌 돈인지 새 돈인지 따지지 않으신다. 하나님께 드리기 위해 구별된 돈은 절대 바꾸지도 말고 그대로 드려야 한다. 하나님께 드리는 것이라고 소중한 마음에 돈을 다리미로 다리거나 아예 새 돈으로 바꾸기도 한다. 또 갑자기 급한 일이 생겨서 챙겨 두었던 십일조로 먼저 썼다가 다른 돈으로 내기도 한다. 이런 것들이 모두 사탄에게 넘어가는 것이라는 것을 깨닫게 되었다.

성령의 감화 감동을 주어도 깨닫지 못한 죄

에베소서 4장 30절을 보면 알 수 있듯이 성령의 인치심으로 우리가 구원을 받고 성령님은 믿는 사람들에게 감화 감동을 주신다. 성령이 감동을 주어도 깨닫지 못하는 죄가 있다.

존귀하나 깨닫지 못하는 사람은 멸망하는 짐승 같도다(시 49:20).

이 말씀에서 하나님의 뜻을 깨닫지 못하는 사람은 짐승과 같다고 했다. 인간이라면 반드시 매사에 하나님의 뜻을 알아야 한다. 물질의 어려움이 왔다면 자신을 돌아보고 하나님 뜻을 깨달아야 한다. 물질이 엉뚱한 곳으로 새고 자식이 속을 썩여도 왜 하나님이 그런 고난을 주었는지 깨닫지 못하고 하나님만 원망한다. 처음에는 성령님이 평화로운 방법으로 사람의 마음과 생각을 통해 알려 준다. 좋게 가르쳐 주면 사람들이 도무지 하나님의 뜻을 깨닫지 못한다. 하나님이 오죽 답답하시면 물질과 질병의 고난을 주어서라도 하나님의 뜻을 깨닫게 하려 하시겠는가. 질병과 고난을 주어도 깨닫지 못하는 사람을 보면 얼마나 마음이 아프시겠는가. 자기 아들까지도 내어 주신 하나님이신데 사람들은 왜 그렇게 고난이 와도 깨닫지 못하는지 정말 답답하다.

하나님은 복과 근심을 겸하여 주시지 않는다. 갑자기 지나가는 차가 와서 들이 받아도 빨리 깨닫고, 갑자기 머리가 아파도 깨달아야 한다. 하나님은 우리의 앉고 일어섬을 분초마다 관찰하신다. 하나님은 너무나 나를 잘 알고 있고 내가 잘못된 길을 가고 있을 때는 말씀을 통해 알려 주신다. 인간은 얼마나 미련한가. 깨닫는 은혜를 받아야 하는데 하나님이 그렇게 권면을 해도 도대체 깨닫지를 못한다. 성령님이 감동을 주어도 깨닫지 못한다. 물질의 문제가 오고, 가정에 질병이 오고, 자식들이 탈선을 해도 깨닫지 못하니 주님은 얼마나 마음이 아프시겠는가.

내가 고난 받아 깨닫는 과정을 겪어 보았고 그 과정이 너무나 힘들다는 것을 체험했기 때문에 다른 사람들은 나와 같은 고난을 겪지 말

성령님, 오늘은 어떤 넥타이를 맬까요?

고 하루 빨리 하나님의 뜻을 깨닫기를 바란다.

　인생의 빛과 어둠, 평안과 환란, 자식, 건강 모든 것이 다 하나님 손에 달려 있다. 영이 산 자는 당연히 천지를 주관하시는 하나님만 바라본다. 영이 죽은 자는 하나님이 모든 것을 주관한다는 사실을 깨닫지 못한다. 문제가 생기면 하나님을 찾지 않고 세상 사람들을 찾고 이 사람 저 사람에게 하소연하고 다닌다. 그러다 보니 문제는 해결되지 않고 오히려 물질적으로나 심적으로 더 큰 어려움을 당하게 된다. 영이 살아서 날마다 주님만 바라보고 그분과 영적 교제가 이루어져야 한다. 인생의 문제가 올 때 하나님이 어떤 깨달음을 원하시는지를 돌아보고 온전히 하나님 뜻에 따르는 영이 산 자가 되어야 한다.

　기타

　이 세 가지 외에도 믿는 자들이 영적으로 짓는 죄가 더 있다. 영적 간음죄, 영적 훼방죄, 영적 판단죄가 있다. 이 메시지는 내가 기도할 때 성령님이 주신 메시지이다. 어느 책이나 누구에게 들어서 하는 이야기가 아니다. 성령님이 이 메시지를 주시고 설명을 해 주셨다.

　오늘날 믿는 자들이 영적 간음죄를 정말 많이 짓는다. 영적 간음죄란 하나님이 계시를 주지 않았는데도 마치 하나님이 계시를 준 것처럼 양신이 역사하는 것이다. 또 하나님이 본 교회에 충성하라고 보냈는데

목사님하고 안 맞는 것 같다고 자기 마음대로 다른 교회로 간다. 이것
도 영적 간음죄다. 교회는 함부로 왔다 갔다 하면 안 된다. 성령이 교
회를 떠나고 다른 교회를 섬기라는 음성을 주기 전에는 절대로 다니고
있는 교회를 떠나면 안 된다. 지금 다니고 있는 교회로 보낸 것은 하나
님의 뜻이다. 세상에 우연은 없다. 하나님이 이미 모든 길을 예비하셨
다. 하나님의 인도함으로 삶을 살고 있다. 하나님의 뜻에 따라 본 교회
에서 순종하고 충성해야 한다. 함부로 교회를 옮겨서 그리스도의 사신
이 되는 담임 목사 마음을 아프게 하면 안 된다.

결혼도 마찬가지다. 하나님은 이미 신랑과 신부를 예비하시고 두
사람이 부부가 되게 하셨다. 하나님의 예비하심으로 하나가 된 부부가
이혼해서 다른 사람을 만나면 하나님의 뜻에 어긋나는 것이다. 성경
어디에도 부부가 서로 성격이 맞지 않는다고 핍박한다고 이혼하라는
말은 없다. 죽으나 사나 하나님이 주신 남편과 아내가 서로 맞추어 살
아야 한다.

성령의 지시를 귀신의 역사라고 함부로 판단하는 영적 훼방죄가 있
다. 시애틀에 집회 갔을 때 일이다. 시애틀에서 주유소와 슈퍼를 크게
운영하는 박 집사라는 분이 있었다. 미국은 가난한 사람들에게 국가에
서 생필품을 사라고 보조하는 상품권이 있다. 박 집사는 슈퍼를 운영
하면서 이 상품권을 현금으로 바꿔 주는 일을 했다. 이 일로 얻은 수익
금 전부를 교회 운영비와 담임 목사님 생활비로 사용했다. 박 집사가

성령님, 오늘은 어떤 넥타이를 맬까요?

내 집회에 참석을 해서 은혜를 받고 방언도 받았다. 방언 기도를 하는데 상품권을 현금으로 하는 일을 더 이상 하지 말라는 성령의 감동이 왔다. 그래서 담임 목사와 상담을 했는데 담임 목사가 그것은 마귀의 생각이라면서 쫓으라고 했다. 담임 목사가 마귀의 생각이라고 하니 박 집사가 그 생각을 쫓고 그 일을 계속했다. 다음에 미국에 다시 들어갈 때 그분이 구속되어 교도소에 갔다는 소식을 들었다. 생활 보조로 받은 상품권을 현금으로 바꾸는 일이 불법이고 박 집사가 그 일을 했음이 당국에 알려져서 구속되었다.

영의 세계를 잘 모르는 사람들은 성령의 감화, 감동을 받거나 방언과 같은 은사를 받으면 분별하지 못한다. 스스로의 힘으로 분별할 수 없으니 주변 사람들에게 물어보게 된다. 영적 분별력이 있는 사람이라면 도움을 줄 수 있다. 아쉽게도 주변에 영적 분별력을 가지고 있는 사람이 많지 않다. 대부분은 세상의 지식과 자신의 생각과 의지대로 판단한다.

마가복음 3장 29절을 보면 성령의 뜻을 훼방하는 죄는 이 세상과 앞으로 오는 세상에서도 사함이 없다고 한다. 자신의 죄를 모르기 때문에 회개를 할 수 없고 죄를 회개치 않으니 죄 사함이 없다. 그러나 회개의 영이 임하면 몰랐던 죄도 성령님이 떠오르게 하신다. 그때 몰랐던 죄를 회개함으로 사함 받을 수 있다.

세 번째는 믿음으로 기도하며 사는 사람들을 함부로 판단하고 모함

하는 영적 판단죄가 있다. 믿는 사람들은 함부로 다른 사람을 판단하지 말아야 한다.

예를 들어 어떤 사람이 앞으로 축복을 받을 것이라는 하나님의 응답을 받았다고 하자. 하나님의 응답을 받았으면 삶의 문제들이 풀어지고 축복이 임해야 하는데 삶이 평탄하지 못하고 날마다 쩔쩔맨다. 이를 지켜보던 주변 사람들이 '아니, 저 사람은 하나님의 응답을 받았는데 왜 저렇게 힘들게 살지?' 하고 하나님의 응답을 판단하는 사람이 있다. 기도 응답받고 그 응답대로 이루어지는 때와 시간을 결정하시는 분은 하나님이다. 내가 아무리 기도한다고 하나님의 응답이 당장 며칠 만에 이루어지지 않는다. 그 응답을 위해 내가 인내하고 시험을 통과하여 기도 응답을 받을 만한 성도로 변화되었을 때 응답이 이루어진다. 또 하나님이 응답하시기 원하시는 환경으로 주변이 상황이 변화되었을 때 하나님이 역사하신다. 모든 일에 때와 기한은 하나님이 정하신다고 하였다. 기도 응답을 받은 당사자는 그때를 위해 어려운 상황들을 인내하고 있고 시험이 와도 때를 기다리고 있어야 한다. 또한 함부로 다른 사람의 기도 응답이 왜 아직 안 이루어지는가 하고 입으로 수근거려서 응답 받은 자를 어려움에 처하게 하는 사람이 있다. 주변 사람에게 "기도 응답 받아도 소용없어. 저 아무개 집사 봐. 하늘 문이 열려지고 문제가 해결된다는 하나님의 응답을 받았는데 아직도 저 모양 저 꼴로 살잖아. 그게 무슨 하나님의 기도 응답이야. 자기 혼자 자기 생각으로 받은 거지."라고 전해서 다른 사람마저 하나님의 응답과 심지어 하나님이 계신지에 대해서도 판단하게 되는 영적 판단죄에 빠지게 한다.

믿는 사람들은 생활 속으로 짓는 죄, 말씀 속으로 짓는 죄, 영으로 짓는 죄 이 세 가지를 회개해야 한다. 이런 것 때문에 하나님이 주시는 축복이 차단되면 어쩌겠는가. 이런 것들을 회개하고 풀어 버려야 신앙의 다음 단계로 갈 수 있다.

성령님,
오늘은 어떤
넥타이를
맬까요?

누구나 할 수 있는 하늘나라의 언어, 방언

귀신도 신 내림을 받은 무당을 쓰는데 하나님은 어떤 자를 쓰시겠는가. 자기 생각대로 하나님을 믿는 사람이 아니라 하나님 영에 이끌림받는 자를 쓰신다. 바울 사도나 빌립 집사, 베드로 사도 모두 하나님영의 이끌림을 받았다.

청계산에 기도하러 갔을 때 일이다. 정말 칠흑같이 어두운 밤이었다. 깜깜한 밤에 산에 올라가서 아버지 앞에 기도했다.

"주여~ 하나님이여, 이번 주일 메시지를 증거해야 되는데 어떤 메시지를 증거합니까?"

성령님께서 감동을 주셨다.

'아들아! 마태복음 13장 19절을 설교해라.'

두세 시간을 기도하고 설교 말씀에 대한 응답을 받고 내려왔다. 내려오는 데 얼마나 깜깜한지 한 치 앞도 보이지 않았다. 너무 어두워서 손전등을 비추고 내려왔다. 산에서 한참을 내려오는데 갑자기 내 안에서 성령님의 지시가 온다.

'아들아, 손전등을 꺼라.'

내려오다가 손전등을 껐다. 손전등을 껐더니 한치 앞도 볼 수가 없다.

"어~ 어~ " 이러면서 조심조심 내려오는데 넘어질 것 같았다. 그때 갑자기 내 안에 성령님의 지시가 온다.

'아들아, 손전등을 켜라.'

다시 손전등을 켰더니 바로 앞에 큰 돌이 보인다.

내 안의 성령님이 이렇게 말씀하셨다.

'아들아~, 이 험난한 세상을 살아갈 때 인간의 힘으로, 네 육으로 사는 것은 바로 장님이 지팡이 없이 세상에 사는 것과 똑같단다. 그런데 너는 내가 인생의 손전등같이 앞을 네 앞에 빛을 비춰 주니까 불빛만 보고 따라오면 앞에 돌멩이가 있는지, 물이 있는지 그리고 다른 어떤 장애물이 있는지 잘 보이지 않겠느냐. 아들아, 항상 나보다 앞서 가지 마라. 내가 그때그때마다 너에게 지시할 것이니 너는 나를 따라오기만 해라. 그럼 내가 너를 푸른 초장으로, 진리로, 축복으로 인도하리라.'

성령을 받았다면 반드시 성령의 인도함을 받아야 한다. 로마서 8장

성령님, 오늘은 어떤 넥타이를 맬까요?

13-14절 말씀에 두 부류의 사람이 나온다. 하나는 육신대로 사는 자이고 다른 하나는 하나님의 영으로 인도함을 받는 자이다. 육신대로 사는 자는 반드시 죽을 것이고, 하나님의 영으로 인도함을 받는 사람은 하나님의 아들로 영생을 누린다.

많은 사람이 방언은 끝났다고 한다. 성경 어디에도 성경 말씀이 시대에 따라 변한다는 구절은 없다. 성경에 방언이 있다고 나왔으면 지금도 방언이 존재한다. 내가 신학교 다닐 때도 신학교 목사님이 방언은 이미 끝났다고 했다. 방언이 끝났다고 하는 분은 그 정도의 믿음만 가지고 있기 때문에 그 말을 한다. 방언은 지금도 계속 되고 있다. 사도행전 10장 45-46절 말씀에 분명히 성령이 임하면 방언을 말한다고 기록되어 있다.

베드로가 성령의 지시로 이방인인 고넬료 가정에 가서 하나님의 말씀을 전할 때 성령이 임했다. 성령이 눈으로 보이는가. 성령은 우리 눈에 보이지 않는다. 성령이 눈에 안 보이는데 베드로는 어떻게 성령이 내려왔다고 말했을까. 베드로는 이방인들이 방언하는 것을 보고 성령이 임했다고 했다.

한얼산기도원에서 방언 설교를 전하고 성도들 앞에서 선포했다.

"오늘 성령의 강한 임재가 있어야 합니다."

"오늘 성령이 임합니다."

그러자 앞자리에 있던 성도들이 방언이 터졌다. 방언이 터져서 방언 기도를 하면서 몸을 진동한다. 집회 때마다 그런 모습을 여러 번 보고 성령이 임하면 방언이 터진다는 것을 확신할 수 있었다.

손으로 종이를 들고 입으로 바람을 불면 종이가 펄럭인다. 사람의 눈으로 바람이 보이지 않는다. 하지만 종이가 펄럭거리는 것을 보면 바람이 있다는 것을 알 수 있다. 휴대폰으로 전화를 걸면 공기 중에 아무것도 보이지 않는데 상대의 휴대폰이 울리면서 서로 통화할 수 있다. 공기 중에 아무것도 없는 것 같지만 눈에 보이지 않는 질소, 산소, 이산화탄소, 수증기들이 있다. 인간의 눈으로 보이는 것만 믿는다면 세상의 극히 일부분 밖에 알 수 없다. 하나님은 눈에 보이지 않는 엄청난 것을 창조하셨다. 원자력 발전소의 원자로 안에서 우라늄 원자가 분열하는 모습을 눈으로 볼 수 없지만 엄청난 에너지가 나오면서 열이 발생하고 이 열로 물이 뜨거워지는 것을 보고 우라늄 원자가 분열하는 것을 알 수 있다. 마찬가지로 성령은 육안으로 보이지 않지만 방언하는 것을 보면 성령이 임했다는 것을 알 수 있다. 따라서 방언을 받은 사람에게 성령이 임했음을 알 수 있다.

그렇다고 방언을 받지 못한 사람은 성령이 임하지 않았다고 말할 수도 없다. 예수를 나의 주라고 믿는 사람은 성령이 임한 것이다. 고린도전서 12장 3절 말씀에서 성령을 통해서만 우리가 예수를 주라 할 수 있다고 한다. 성령이 임했기 때문에 내 입으로 하나님을 "주여~"라고 외칠 수 있고 하나님이 내 주인임을 믿을 수 있다. 성령이 임하지 않으면 하나님을 나의 주라고 아무리 외쳐도 하나님이 나의 주인이라는 말을 믿을 수가 없다.

성령을 받았다면 충만히 받아서 방언도 함께 받아야 한다. 갈라디아서 3장 3절 말씀에서 바울은 사람들이 성령으로 시작했다가 마지막에는 자신의 육체, 즉 육의 생각과 옛 습관으로 돌아옴을 탄식한다. 마태복음 9장 17절 말씀을 보면 낡은 가죽부대인 내 육으로 살다가 새 포도주인 성령과 방언을 받는다. 이제 영의 사람이 된 내가 새 가죽부대로 변화되어야 성령과 방언을 온전히 유지할 수 있다.

그런데 오늘날 많은 사람들이 성령이 임해서 방언을 받고도 방언이 성령이 주신 것임을 도무지 알지 못한다. 방언을 받고 방언이 이상하다고 또는 무섭다고 성령 받기 전의 육의 생각으로 방언을 하지 않는다. 어떤 분은 방언을 사모해서 방언을 받긴 받아서 방언 기도를 하는데 자신의 육의 생각으로는 도대체 방언이 어떤 면에서 유익이 되는지 알지를 못했다. 그러다 보니 시간이 갈수록 방언을 사모하는 마음은 온데간데없고, 다시 육의 생각이 앞서서 방언하는 시간이 줄어들었다. 결국에는 두 경우 모두 방언을 소멸했다.

기독교는 체험의 신앙이다. 본인이 직접 성령을 받고, 방언이 터지고, 하나님 음성을 듣는 체험을 해야 한다. 그러면 어떤 어려운 고난과 환경 속에서도 강한 믿음과 확신을 가질 수 있다. 체험이 없는 사람은 고난이 오기 전까지는 잘 믿지만 고난의 순간이 오면 자기 의지가 앞서서 신앙의 단계가 다시 초등학교로 내려간다.

나는 우리나라 전국 그리고 전 세계를 다니면서 반드시 방언 설교를 한다. 그만큼 방언은 영이 사는데 정말 중요하다. 반드시 방언의 은사가 얼마나 귀한 줄 깨달아야 한다.

이제 구체적으로 방언을 받았다는 것이 무엇을 의미하고 나에게 어떤 변화가 일어나는지에 대해 알아보자. 또 어떤 자세로 방언에 임해야 하는지에 대해서도 알아보자.

통변과 통역의 은사

방언을 받게 되면 통변과 통역을 하게 된다. 우선 통변에 대해 알아보자. 통변은 본인이 방언하는 것을 생각하면서 어떤 의미인지 알고 기도하는 것이다. 통변이 되면 자기가 무슨 방언을 하는지 알 수 있다. 예를 들어 '하나님이 오늘 이 자리에 온 사랑하는 성도들 머리 위에 기름 부으시고 갖가지 은사가 다 예수 이름으로 임할 줄 믿습니다.'라고 생각을 하면서 방언 기도를 한다. 그러면 본인이 무슨 기도를 하는지 안다. 이것이 통변이다. 내가 통변으로 방언 기도를 하면 다른 사람은 그 내용을 알 수가 없다. 반면에 통역은 다른 사람이 방언할 때 그 사람의 방언이 내 귀에 우리말로 들리는 것이다.

성령님, 오늘은 어떤 넥타이를 맬까요?

CBS 방송에 임동진 목사와 고은아 권사가 진행하는 "새롭게 하소서"라는 프로그램이 있다. 이 프로그램에 김OO 목사님이 출연했다. 방송 중에 나에 대해서 이야기했다. 김OO 목사님은 서울대학교 음대를 졸업하고 뉴욕에서 목회를 하셨다. 그러다 성령의 음성을 듣고 러시아에 가서 복음을 전했다. 김OO 목사가 한참 러시아에서 사역하고 있을 때 내가 러시아에 복음을 증거하러 갔다. 러시아의 한 체육관에서 600명 정도를 모아 놓고 설교를 했다. 대학생, 벙어리, 러시아 목사, 군인들 다양한 사람이 모여서 그들에게 복음을 증거했다. ─당시 러시아에서 군인 중령 월급이 80불 정도였다. 군인 장교가 월급 80불을 받는데 김OO 목사님이 장학금을 1인당 100불 주면서 신학생을 교육시켰다. 그러니 러시아 장교들이 신학 교육을 받으려고 난리였다. 김OO 목사님이 그 사역을 하고 계셨다. ─내가 낮 예배 때 방언 설교를 했다. 방언의 은사를 받으면 어떤 은사가 따라오고 어떤 기적이 나타나는지 말씀을 전했다.

"그러니 여러분도 방언이 얼마나 귀한지 아시고 방언을 받으셔야 합니다."

설교를 다 마치고 강대상에서 내려왔는데 지금은 65-66세 정도 되었는데 한 러시아 사람이 나에게 다가오더니 말을 걸었다.

"목사님! 저 좀 보세요."

러시아 사람이라 몸집이 엄청 컸다. 나와 함께 교무실 같은 곳에 들어갔다. 통역하는 사람을 들어오라고 했다. 문을 잠그더니 나에게 말했다.

"목사님! 진짜 하나님이 살아 계시면 나를 안수해서 지금 성령이 임하게 해 주세요."

내가 물었다.

"당신, 내가 시키는 대로 순종할 수 있어요?"

러시아 사람이 알았다고 순종한다고 해서 우선은 성경 말씀으로 성령과 방언에 대해 증거했다.

"내가 안수하기 전에 내가 하라는 대로 잘 따라하세요. 믿고 순종하면 됩니다."

내가 알려 주는 대로 순종을 하고 안수를 했는데 방언이 터졌다. 방언이 터졌는데 방언으로 뭐라고 하기 시작했다. 아무것도 모르고 방언을 하고 있어서 내가 따라서 방언 기도를 했다. 같이 방언을 하는데 러시아 사람이 하는 방언이 한국어로 들렸다.

"내가 너를 사랑한다. 이제 네가 내 일을 해 다오. 내가 네 일을 해 주마."

통역하는 사람이 내가 한 말을 러시아어로 통역을 해 주니까 이 사람이 울기 시작한다. 울면서 계속 방언을 하는데 그 말이 내 머릿속에 계속해서 우리말로 들린다. 나도 계속해서 우리말로 기도했다.

"지금 하려던 일을 멈춰라. 그리고 이제 네가 내 일을 해 다오. 그러

성령님, 오늘은 어떤 넥타이를 맬까요?

면 내가 네 일을 해 주마."

고려인이 그 말을 러시아어로 통역해 주었다.

그 말을 알아듣더니 이 러시아인이 더 크게 울면서 기도를 하는데 눈물 콧물이 쏟아져 내린다.

기도를 마치고 눈물을 흘리면서 고백한다.

"목사님! 하나님은 살아 계십니다."

"아! 그럼 물론이죠. 하나님은 살아 계십니다."

"목사님! 제가 누군지 아세요. 저는 군인이 아니라 러시아의 KGB요 원입니다."

그런데 왜 여기에 왔냐고 물었다.

"김OO 목사를 미국 스파이로 몰아서 죽이려고 여기 특파되어 들어 왔습니다."

러시아 사람이 그 사실을 주변 아무에게도 말하지 않았고 나도 전혀 모르고 있었다. 그분이 방언을 하고 하나님이 나를 통해 방언을 풀어 주셔서 나도 모르게 '하려던 일을 멈추라.'고 말을 했던 것이다. 김OO 목사님이 임동진 목사와 고은아 권사하고 대화하면서 그 간증을 했다. 지금은 그 러시아 사람이 변화되어 목사가 되었다고 한다.

방언의 은사를 받으면 하루에 최소 두 시간을 기도해야 한다. 방언을 받고 한 시간 방언 기도를 하면 육이 다스려지고, 두 시간을 기도하면 하나님의 영이 육을 이끌어 간다. 방언을 받았다면 반드시 두 시간 방언 기도를 해서 하나님의 영이 육신을 이끌어 가는 자가 되기를 바란다.

나는 방언의 은사를 받고 처음에는 30분, 1시간, 2시간, 4시간, 5시간, 7시간 반씩 단계적으로 기도를 했다. 방언이 익숙해지면서 매일 산에 올라가서 7시간 반씩 기도했다. 하루도 빼먹지 않고 매일 산에 올라가서 기도했다. 비가 오나 눈이 오나, 추우나 더우나 날씨에 관계없이 매일 삼각산에 올라가서 십여 년을 기도했다.

십여 년을 산에서 7시간 반씩 기도했더니 별의별 은사를 다 체험해 보았다. 다시 한 번 말하지만 기독교는 학문과 교리가 아니라 체험의 신앙이다. 처음 내 이야기를 듣는 사람들은 대부분 내 말이 거짓말이라면서 믿지 않는다.

'가끔 산에 가서 밤새도록 기도하고 대부분은 교회나 기도원 가서 하루에 두세 시간 기도했을 거야.'

어떤 사람은 대놓고 사람이 어떻게 그렇게 오랜 시간 그것도 10여 년을 산에 가서 기도를 할 수 있느냐고 반문을 하기도 한다. 내 말이 믿기지 않는 사람은 밤에 청계산, 삼각산에 가 보라. 내 말이 거짓이 아니라는 것을 알 것이다. 기도를 깊이 들어가시는 목사님들과 하나님의 사명을 받은 많은 분들이 삼각산에서 기도한다. 심지어 무당 같은 무속인이나 스님들도 삼각산에서 기도하는 사람이 많다. 목사인 나는 거짓말을 할 수가 없다. 왜냐하면 지금까지 내가 거짓말을 하거나 성령의 지시에 불순종하면 그때마다 하나님이 나와 내 소중한 사람을 치시는 것을 너무 많이 겪어 보았기 때문이다.

병 고치는 치유의 역사

방언을 받으면 병 고치는 치유의 역사가 일어난다. 내가 처음 믿음 생활을 시작할 때는 조○○ 목사님 욕을 많이 했다. 조○○ 목사님 설교를 들으면서 항상 이렇게 비아냥거렸다.

"야, 저 조○○ 목사 사기꾼 아닌가? 아니 어떻게 자기가 하나님인가?"

조○○ 목사님이 설교하다가 기도를 한다.

"성도님들 문제가 있는 사람은 가슴에 손 올리시고 아픈 분은 아픈 데 손을 대십시오. 기도하겠습니다."

목사님이 기도할 때 샛눈을 뜨고 의심의 눈초리로 주변을 둘러보았다. 목사님이 계속 기도한다.

"할렐루~ 할렐루야, 할렐루~"

기도를 하다가 어느 순간이 되면 치유 기도를 한다.

"지금 이 시간에 위암이 고침 받았습니다."

듣고 있던 성도들이 그 말에 "아멘!" 하고 소리를 지른다. 그리고 한참 시간이 지났다.

"허리 디스크가 나았습니다."

"골수암이 나았습니다."

계속해서 치유 기도를 한다. 샛눈을 뜨고 보고 있던 내가 속으로 비난을 했다.

'엿 먹어라! 지가 하나님이야? 어떻게 강대상에서 하나님도 아닌데 그따위 말을 해?'

내 생각으로는 그 상황을 도저히 이해할 수가 없었다.

처음 성령이 임해서 방언을 받았는데도 아직 이 세계를 알지 못했다. 어려서부터 아무 것도 모르고 그냥 어머니 따라서 교회만 왔다 갔다 했다. 어머니 교회는 방언하면 이단이라는 교회였다. 그러니 영의 세계에 대해서는 전혀 들어본 적이 없었다.

우리 집 문간방에 세를 사는 아이가 있었다. 여의도순복음교회 다니는 집사님 아들이었다. 이 녀석이 도둑질을 아주 밥 먹듯이 했다. 세상에 얼마나 도둑질을 잘 하는지 동네에 소문이 자자했다. 엄마도 성격이 만만치 않았다. 아이가 도둑질을 하면 각목으로 애를 패서 각목이 부러졌다. 아들은 그렇게 맞고 또 도둑질을 했다. 엄마도 폭력의 강도가 점점 심해졌다. 도둑질하는 아들을 연탄불로 지져 버린 적도 있다. 그래도 여전히 도둑질을 한다. 우리 집에서도 돈을 훔쳐갔다. 나도 한 성질 하는 사람이라 두 대를 내질러 버렸다. 그런데도 계속 도둑질

성령님, 오늘은 어떤 넥타이를 맬까요?

을 했다. 내가 혀를 내두르면서 저주의 말을 퍼부었다.

"저 녀석은 아주 전생에 도둑놈으로 태어났어."

당시 조OO 목사님이 금요 철야 예배를 하셨다. 어느 날 집사님이 "설 전도사님, 오늘 조 목사님이 설교하니까 사모님하고 같이 금요 예배에 가요." 하고 권유를 했다. 오늘은 또 어떤 사기를 치나 궁금하기도 해서 따라갔다. 앞자리 중간에 자리를 잡고 앉았다. 조OO 목사님이 십자가 설교를 마치고 치유 기도를 시작했다.

"성도님들 아픈데 손을 대시고, 문제가 있으신 분은 가슴에 손을 대십시오."

나는 또 어떻게 하나 보려고 눈을 살짝 뜨고 쳐다보았다.

"할렐루야~ 할렐루~" 하시면서 방언 기도를 하신다.

"아! 지금 집안에 도벽 귀신이 떠나갔습니다."

그랬더니 옆에 있던 그 집사가 "주여~" 하고 소리를 질렀다. 정말 기가 막혔다.

'아주 짜고 치고 다 해쳐 먹는구나. 누가 여의도순복음교회 아니랄까봐. 뭐? 도벽 귀신이 떠나갔다고, 위암이 나았다고, 허리디스크가 나았다고 니가 하나님 다 해 먹어라. 내가 두 번 다시 오나 봐라. 진짜 여자들은 어리석네. 드문드문 앉아서, 일어나서 환호하고, 참! 쇼하고 자빠졌네.'

집에 와서 이제 두 번 다시 안 가겠다고 다짐을 했다. 그런데 이틀이 지나고 아내가 "여보, 문간방에 세 사는 애가 이제 도둑질 안 한대요." 그 아이가 도벽이 고침을 받았다는 것이다.

"아니야 천지가 개벽해 봐라. 그 자식은 전생에 도둑놈으로 태어났는데"

"아니에요. 진짜래요."

"진짜야?"

나도 도마같이 의심이 어찌나 많은지 그 말이 사실인가 직접 확인해 보고 싶었다. 아이가 다니는 길에 만 원 한 장을 땅에 떨어뜨려 놓고 옆에 숨어서 지켜보았다. 이 녀석이 문 앞에 나오더니 돈을 보고 그 돈을 집었다. 그런데 갑자기 엄마를 불렀다.

"엄마!! 여기 만 원짜리 주웠어."

엄마에게 가더니 그 돈을 엄마에게 준다. 그 애는 일단 돈이 자기 손에 들어오면 아무리 패도 손의 돈을 내놓지 않았다. 그런 아이가 그때부터 돈 훔치는 버릇이 싹 사라져 버렸다. 그날로 내가 얼마나 회개한지 모른다.

목사님이 "아픈데 손을 대십시오. 할렐루야 할렐루~야"기도할 때 하나님의 영이 목사님에게 임한다. 그리고 하나님이 알려 주신다.

'조 목사야! 지금 도벽 귀신이 떠나갔다.'

조목사님이 방언 기도하면서 성령의 음성을 듣고 자기 입을 통해 영의 음성을 선포한다.

성령님, 오늘은 어떤 넥타이를 맬까요?

"지금 도벽 귀신이 떠나갔습니다."

"암이 나았습니다."

이때 "아멘!" 하고 믿음으로 받는 자에게 그대로 이루어진다. 이렇게 하나님과 영적 교제가 일어나면 앉은뱅이, 뇌성마비, 식물인간이 일어난다. 이런 영적 교제 없이 방언 기도만하고 끝내면 아무 능력도 나타날 수가 없다. 따라서 중요한 것은 방언을 두세 시간 기도하게 되면 이제는 반드시 영으로 주님과 소통이 되어야 한다는 것이다.

한번은 내가 불광동에 환자 기도를 하러 갔다. 이춘례라는 아주머니가 똥오줌을 받는 앉은뱅이다. 둘째 동생과 함께 갔다. 그 집에 가서 방언 기도를 했다.

'이춘례라는 아주머니가 이렇게 똥오줌을 받아 내고 있네요. 아버지 죽는 날만 기다린다는 데 왜 그럴까요?'

'아들아! 이게 귀신 장난이다.'

내가 하나님께 여쭸다.

'그러면 며칠이나 기도해야 되나요?'

'삼 일만 해라.'

동생에게 말했다.

"동생, 하나님이 삼 일만 기도하면 일어난대."

"형님, 믿어도 그렇게 믿지 마. 성경에서는 예수님이 제자들에게 성경을 기록하게 하려고 기사와 이적이 나타났어. 지금은 그런 시대가 아니야. 의사도 있고 약도 만드는데 왜 이렇게 신비적으로 믿어. 형님, 그런 소리 하지 마."

내가 동생한테 말했다.

"그러면 동생은 죽은 예수를 믿어. 난 산 예수 믿을게."

삼 일 동안 기도하기로 했다.

삼 일째 되는 날 그 집에 갔다. 한 이십 명 정도가 모였다. 아주머니 딸들과 둘째 동생도 같이 있었다.

"아버지! 이춘례라는 아주머니 오늘이 삼 일째 되는데 일어난다고 하셨잖아요. 어떻게 된 겁니까?"

기도하는 데 내 마음에 감동이 온다.

'아들아 여기 이마를 대라.'

이마를 딱 대는데 내 안에 성령의 감동이 온다.

'아들아! 예수 이름으로 일어나라 그래라.'

성령님이 시키는 대로 기도했다.

"예수 이름으로 명하니 괴롭히는 귀신은 떠나가고, 예수 이름으로 일어날지어다!"

그런데 이분이 어떻게 되었겠는가. 이분이 갑자기 벌떡 일어났다. 이제 어떻게 해야 할지 나도 모르겠는데 성령이 알려 주셨다.

"나사렛 예수의 이름으로 이춘례를 괴롭히는 귀신아 너 누구냐?"

나도 모르게 귀신의 정체를 묻는 말이 나왔다.

아주머니가 자기 입으로 대답을 한다.

"나는 호구다."

계속 물었다.

"호구가 누구냐?"

"그것도 모르냐."

"그래. 모른다."

"나는 백 년 전에 행주산성에서 굿하는 귀신이다."

내가 귀신과 대화하니까 동생은 무서워서 저 구석에 가더니 "성령이여~" 하면서 찬양을 하고 있다.—일본에 가서 동생을 만나 그때 이야기를 한 적이 있다.그때 당시 동생은 누워 있던 아주머니가 벌떡 일어나서 이상한 말이 하니까 얼마나 무서웠는지 오줌을 찔끔 쌀 뻔 했다고 한다.—내가 계속 물었다.

"너 왜 들어갔냐?"

"이년을 약을 먹여 죽이려고 들어갔다."

"나사렛 예수의 이름으로 이 호구라는 귀신아 저 태평양에 있는 고래 배 속으로 가라."

예수님도 사람 속에 들어간 귀신에게 돼지 배 속으로 가라 하셨다. 그런데 난 돼지고기를 먹기 때문에 태평양 고래 배 속으로 가라고 했다. 이 호구라는 귀신이 발악을 한다.

"안 돼! 거긴 너무 깜깜해."

"그러면 어디로 갈 거야?"

"박 서방에게 보내 줘."

내가 박 서방이 누구인지 몰라서 물었다.

"박 서방이 누구야?"

"아니, 그것도 몰라. 방앗간 집이잖아. 방앗간 집!"

"알았어. 그 집으로 가."

한참 있다 다시 물었다.

"너 지금 어디냐?"

"그 집 문 앞에 있다."

"예수 이름으로 명하노니 그 집으로 가라!"

"알았어."

그리고 병이 나았다. 그 자리에서 일어나더니 똥오줌을 받아냈던 사람이 십여 미터를 왔다 갔다 한다.

기도를 마치고 아주머니 딸에게 박 서방이 누구냐고 물었다. 박 서방은 여주 이천에 자기 십촌 되는 사람이고 실제로 방앗간을 한다고 했다. 박 서방이라는 사람이 지금 어머니와 똑같은 앉은뱅이가 되었다고 했다.

나도 앉은뱅이, 뇌성마비, 식물인간, 골수암 환자가 일어난 것을 너무나 많이 보았다. 나는 아무것도 못하는데 내 안에 성령이 말씀하시

성령님, 오늘은 어떤 넥타이를 맬까요?

면 앉은뱅이가 일어나고 뇌성마비가 고침을 받는다. 방언을 받은 사람은 통변이 되고 통역이 된다고 했다. 통역과 통변이 되면 반드시 질병 고침의 은사가 나타난다.

방언의 은사를 받고 통변을 하고 치유의 은사를 받은 사람은 100퍼센트 물질이 따라온다. 내가 가는 곳마다 물질이 따라오는 이유는 방언할 때 성령을 통한 은사가 임하기 때문이다. 성령의 은사가 임하니까 물질의 복은 저절로 따라온다. 내 능력으로 물질을 구할 때는 한 끼 식사를 걱정할 만큼 물질의 복을 받지 못했다. 그러나 방언을 하고 성령과 영적으로 교통하자 많은 축복이 나에게 임했다.

어느 큰 교회에 다니는 여 집사님에게 준현이라는 아들이 있다. 남편은 집을 짓는 설계소 소장인데 예수를 안 믿고 있다. 딸 둘에 아들이 하나 있는데 그 아들이 정말 잘생겼다. 그 부인이 내게 와서 기도를 부탁했다.

"전도사님 우리 아들 준현이 기도 좀 해 주세요. 제 아들이 뇌성마비라고 합니다."

기도 부탁을 받아 산에 올라가서 방언으로 기도를 했다.

"아버지! 준현이라는 애가 뇌성마비랍니다. 아버지 왜 뇌성마비에 되었을까요?"

"아들아, 밧세바를 통해서 다윗이 자식을 낳았는데 다윗의 죄 때문에 내가 그 자식을 쳤단다."

밧세바를 통해 얻은 자식이 죽어 갈 때 다윗이 일주일을 금식했지만 결국 자식이 죽었다는 말씀을 주신다.

"아들아~ 준현이네 가 봐라. 준현이가 아픈 것은 반드시 원인이 있단다."

병이 왔을 때 무조건 고쳐 달라고 한다고 하나님이 고쳐 주는 것이 아니다. 병이 온 것은 반드시 그 원인이 있다. 병의 원인을 알면 어떤 병이든 하나님의 손길로 치유받을 수 있다.

응답을 받고 준현이네를 찾아갔다. 교회 조장과 그 외에 한 삼십여 명이 모여 있었다. 안으로 들어갔다. 아이를 보았더니 준현이라는 애가 참 잘 생겼다. 얼굴도 하얗고 키도 훤칠했다. 예수를 믿지 않는 남편도 같이 앉아 있었다. 우선 묵상 기도를 했다.

'아버지 저렇게 잘생긴 준현이가 사지를 뒤틀고 있네요. 저 어린 애가 무슨 죄가 있어요.'

묵상 기도를 하고 주변을 쳐다보고 다시 기도를 하는데 마음에 감동이 온다.

'아들아! 바로 저기 앉아 있는 저 준현이 아버지 때문이다.'

'아니, 왜 저 애비 때문인가요?'

성령님께 여쭈었다.

'아들아, 백날 기도해도 준현이 안 낫는다.'

이미 유명한 목사님들이 와서 기도를 해도 고치지 못했다. 유명한 사람이 온다고 안 낫던 병이 고쳐지는 것이 아니다. 병은 사람이 고치는 것이 아니라 성령님이 고치는 것을 알아야 한다.

기도하는데 계속해서 성령님이 알려 주신다.

'아들아! 바로 저기 앉아 있는 저 준현이 애비가 40일 작정 기도를 해야 한다. 회개하고 지금까지 십일조 떼어 먹은 것 다 토해 내지 않으면 절대로 준현이 일어나지 못한다.'

묵상을 마치고 준현이 아버지에게 담대히 성령의 말씀을 전했다.

"준현이 아버지, 저 좀 봅시다."

내가 보자고 했더니 나를 쳐다본다.

"준현이가 이렇게 된 것은 다 당신의 죄 때문에 그렇습니다. 당신이 새벽 기도 40일을 작정해서 회개하고 십일조 떼어 먹은 것 다 토하지 않으면 준현이 절대 못 일어납니다."

집사인 준현이 엄마는 눈에 진물이 날 정도로 슬픔의 눈물로 자녀를 위해 기도했다. 그런데 아빠라는 사람은 믿음 생활을 제대로 하지 않고 있었다.

"준현이 아빠! 당신이 회개하지 않으면 절대로 준현이 못 일어납니다."

준현이 아빠에게 담대하게 권면하고 있는데 교회 여자 조장이 글을 쓴 종이를 몰래 나에게 건넨다. 계속 권면하면서 종이를 살짝 보았다.

목사님,

내 양이 아니라고 그렇게 심하게 하셔도 됩니까?

성경 말씀에 한 명을 실족시키면

연자 맷돌을 목에 매달고 죽으라는 구절 아시죠,

그러니 목사님 설교를 자제해 주세요,

그 쪽지를 읽으니 무서운 생각이 들었다. 하나님께 여쭈었다.

'아버지, 제가 어찌 해야 합니까?'

순간 갈라디아서 1장 10절 말씀이 떠올랐다. 성령이 감동을 주신다.

'사람들에게 좋게 하랴 하나님에게 좋게 하랴, 너 사람에게 기쁨을 구하냐.'

'알겠습니다. 아멘.'

그 조장이라는 여자 분에게 담대히 말했다.

"이거 보세요. 이런 종이 때문에 내가 온 줄 알아요?"

조장이란 사람이 보는 앞에서 쪽지를 찢어 버렸다.

다시 한 번 준현이 아빠에게 권면을 했다.

"이것 보세요. 준현이 아빠! 빨리 순종하세요."

준현이 아빠라는 사람이 씩씩거리면서 내 말을 안 들었다. 나는 하나님이 무섭지 사람은 무섭지 않다. 아이 아버지가 순종하지 않는 것 같아 준현이를 내 앞에 데려와서 아이를 붙잡고 기도했다.

성령님, 오늘은 어떤 넥타이를 맬까요?

"하나님, 준현이가 무슨 죄가 있습니까? 준현이 아버지가 회개하면 우리 준현이 예수 그리스도 이름으로 깨끗이 고침 받을 줄 믿습니다."

기도하고 바로 그 자리를 피했다.

그곳에 있던 사람 중에 신림동 시장에서 멸치 가게를 하는 집사가 한 명 있었다. 이분이 나를 보더니 이런 말을 한다.

"목사님, 저는 그날 십 년 묵은 체증이 뻥 뚫리는 것 같았어요. 오시는 분마다 '죽은 자가 살아났습니다. 앉은뱅이가 일어났습니다.'라는 말만 계속하다가 치료가 안 되니까 그냥 가 버렸어요. 그런데 전도사님이 오자마자 무릎을 꿇더니 뭐라고 기도하시더니 '당신 때문에 그래. 당신이 회개하고 십일조 내.' 하시는데 제 속이 다 시원했습니다."

내 편은 그분 한 명이고 나머지는 다 그 조장 편이었다.

그 집에 다시 가기 싫었는데 하나님이 삼 일 동안 기도하라 하셔서 다시 갔다. 여러분도 치유의 은사가 있어서 어느 집에 가서 기도할 때 반드시 며칠 동안 기도를 해야 하는지 하나님께 여쭈어 봐야 한다. 며칠 기도하라는 응답을 받으면 정확히 그 기간 동안 기도를 해야 한다. 나도 준현이 기도할 때 3일 동안 기도하라는 응답을 받아서 그 집에 또 가야 했다. 그런데 마음에는 너무나 그 집에 가기 싫었다. 그래서 하나님께 기도했다.

'아버지! 저 안 갈래요. 이 교회 교인들은 왜 이렇게 교만한지 모르겠어요. 엄청 잘난 척하고 저를 주의 종 취급도 안 하고, 저한테 연자 맷돌을 목에 매고 빠져 죽는다고 하지 않나. 저 더럽고 치사해서 못 가겠어요. 그 사람들 꼴 보기 싫어 안 가요.'

하나님께 투정을 부렸다. 그랬더니 바로 기도하러 가라는 성령의 감동이 온다. 그래서 이틀째 되는 날도 그 집에 갔다. 그 집 문 앞에 어제 있었던 사람들이 다 와 있다. 나를 봐도 아무도 인사하지 않는다. 그냥 방으로 들어가려는데 갑자기 사람들이 "우와~." 하고 환호하면서 박수를 친다. 깜짝 놀라서 '이거 왜 이래?'하고 있는데 준현이 엄마가 맨발로 뛰어나왔다. 나를 끌어안더니 너무 감사하다고 한다. 갑작스럽게 일어난 일이라 무슨 말을 해야 할까 고민하다가 준현이 엄마에게 말했다.

"이것 보세요. 나는 감기 하나 못 고치는 사람입니다."

"주님이 고쳐 주었으면 주님께 감사하세요. 본 교회에서요."

준현이를 보았더니 아이가 벽을 짚고 걸어 다니고 있었다.—나중에 우리 교회에 선교를 위해 오시는 의사 선생님들에게 뇌성마비를 고칠 수 있냐고 물어보았다. 의사들이 말하기를 지금 의학으로는 뇌성마비를 고칠 수가 없다고 한다. 의사들도 그렇게 이야기하는데 나는 하나님이 뇌성마비를 고치는 것을 그날 직접 내 눈으로 보았다.—뇌성마비인 준현이가 하루 만에 걸어 다니니까 나도 신기해서 어떻게 된 일이냐고 부인에게 물었다. 부인이 어제 있었던 일을 설명해 주었다.

"어제 목사님에게 은혜 받고 잠을 자는데 엎드려 쭈그리고 잤어요.

성령님, 오늘은 어떤 넥타이를 맬까요?

다음날 새벽에 남편이 저를 깨웠어요. 시계를 보니까 새벽 기도 갈 시간이어서 옷을 주섬주섬 입는데 남편이 일어나더니 양말을 신더라고요. 남편에게 '당신 더 주무세요. 저 갔다 올게요.' 하고 혼자 새벽 기도를 가려 했어요. 대뜸 남편이 '아니야 나도 당신 따라갈래.' 하고 옷을 입잖아요. 그러더니 남편이 어젯밤에 한숨도 못 잤데요. 눈만 감으면 '너 때문이야, 너 때문이야.' 라는 소리가 계속 들렸데요. 누가 당신한테 그런 말을 했냐고 물어 보았어요. 남편이 하나님이 그러셨지. 눈만 감으면 '너 때문이야.' 그랬다는 거예요."

준현이 아빠가 내 권면을 듣고 무서워서 밤새도록 잠을 못 잤다고 했다. 둘이 옷을 챙겨 입고 집 근처에 있는 교회를 갔다. 그 교회는 당시 개척 교회였다. 개척 교회 목사님이 잘 모르는 부부가 새벽 예배에 나왔으니 너무 좋고 신나서 그냥 미주알고주알 설교를 하셨다. 설교를 마치고 목사님이 강대상에서 주여 하고 기도하니까 남편이 강대상으로 걸어 올라갔다. 남편이 "주여~." 하고 통한의 기도를 시작했다. 남편이 애절하게 울고 불면서 회개 기도를 했다. 목사님은 왜 우는지 이유를 알지 못했기 때문에 일부러 슬픈 찬양과 회개의 찬양만 계속 했다.

"멀리멀리~~ 갔더니…."

"천부여 의지 없어서…."

"나 같은 죄인 살리신…."

목사님은 찬양을 하시고 남편은 "주여~, 주여~." 하면서 눈물 콧물을 흘리면서 기도를 했다. 부인이 가까이 와서 남편의 기도를 들어보았더니 준현이 아빠는 회개가 터져 회개 기도를 하고 있었다고 한다.

알고 보니 준현이 아빠는 학생부 때 이미 성령의 불 세례를 받아서 은사를 많이 체험했다. 중·고등부 때부터 열심히 신앙생활을 하고 청년부 회장을 맡으면서 열심히 봉사를 했는데 군 입대 영장이 나와서 군대에 갔고, 그때부터 신앙이 딱 끊어졌다.

지금 건축 설계소 소장인데 돈도 잘 벌고 집을 몇 채 가지고 있다. 딸들도 정말 예쁘게 잘 키웠다. 그러다 아들을 하나 낳았는데 아들이 뇌성마비 환자가 된 것이다.

지난날을 회개하고 울며 기도를 계속했다.

"하나님 맞습니다. 내 죄입니다. 자식이 아프니까 내 마음이 이렇게 아픈데 하나님 마음은 얼마나 아프셨어요. 하나님! 이제 내가 주님 만나는 날까지 새벽 기도 안 빠질게요. 앞으로 집을 팔아서라도 십일조를 내고 주의 일을 하겠습니다. 아버지 용서해 주세요."

눈물, 콧물을 두 시간이나 쏟으면서 기도를 했다. 두 시간을 회개하고 집에 가니까 준현이가 걸어서 일어나는 기적이 일어났다.

우리 교회 권사님 오빠도 암으로 세브란스 병원에 입원했는데 그날 저녁에 임종할 것이라고 연락이 왔다. 권사님의 연락을 받고 세브란스 병원에서 가서 암으로 죽어가는 그분을 붙잡고 기도했다.

성령님, 오늘은 어떤 넥타이를 맬까요?

"아버지, 이 영혼 천국에 가게 해 주세요."

기도를 시작하고 방언으로 기도를 했다. 갑자기 나도 모르게 이런 말이 내 입에서 나왔다.

"사랑하는 아들아! 너 다 고침 받고 남은 생애 선교하며 주의 일을 돕는 자가 되라."

내가 그분을 그렇게 하겠다고 시인을 시키고 다시 천국에 가게 해 달라고 기도를 하고 왔다. 오늘 돌아가신다는 분이 다음날이 되도 살아 있었다. 다시 응급실에 가서 검사를 하니까 의사들이 신기하다 하면서 암세포가 다 사라졌다고 했다. 나중에 그날 저녁에 죽는다는 분이 14년을 더 사시고 2011년에 하늘나라로 갔다.

하나님이 질병과 고난을 준 이유를 깨닫고 죄를 시인하고 회개하고 그분께 모든 것을 맡기면 문제가 해결되는 기적을 체험하게 된다.

나는 방언 기도를 하면 질병 가진 사람들의 문제를 성령님이 알려 주신다. 성령님은 내게 환자의 문제를 알려 주시고, 나는 병든 사람들에게 문제를 알려 주고 그들은 문제를 해결했다. 그러자 뇌성마비, 식물인간, 골수암, 앉은뱅이 별의별 병이 다 치유되는 어마어마한 기적을 많이 체험했다.

방언을 하다 보면 나도 모르게 성령님의 감동이 온다. 그러면 나는 의심하지 않고 그대로 믿는다. 방언을 받으신 분은 성령의 감동이 올 때 이게 뭔가 하고 이상하게 여기다 방언을 소멸하지 않도록 조심해야 한다.

한 번은 동생의 피부병 걸린 곳을 안수했더니 피부병 주변이 까맣게 타버렸다. 십 년 이상 낫지 않던 고질병인 동생의 피부병이 싹 고침 받았다. 하지만 대부분은 방언으로 기도할 때 성령님이 원인을 알려 주시고 성령의 지시에 순종하면 아픈 사람들이 고침을 받는다. 나도 두 번째 역할을 해서 성령님께서 치유의 역사를 보여 주신다.

한 번은 대림동에 살 때 같은 동네에 사는 여 집사인데 남편이 매일 폭언하고 폭행을 했다. 매일 남편이 부인을 때리니 부인도 매일 도망 갈 준비를 하면서 살았다. 그 여 집사가 걸어 다니는 종합병원이다. 위장병, 신장병, 허리 디스크 잘 기억도 나지 않는데 그것 외에도 많은 병을 달고 다녔다. 그분이 우리 사모하고 잘 아는 사이여서 사모가 딱한 사정을 알고 너무 안타까워서 찾아가 권면을 했다.

"집사님, 성령 받아서 방언의 은사를 받아 봐. 방언하면 이게 하늘나라 언어이기 때문에 마귀가 가장 싫어하고 병마가 떠날거야."

이 집사가 사모의 권면을 받고 사모와 같이 기도를 하는데 성령이 임했다. 성령이 임해서 방언을 하는데 방언이 정말 희한하다.

"또또또또 아~, 또또또또 아~, 또또또또 아~."

옆에서 듣는 사람도 정말 신기했다. 그런데 말로만 기도하는 것이 아니라 두 팔과 손으로 물결을 그리면서 마치 피아노 치는 것 같은 행동과 술 마시는 시늉, 담배 피는 시늉을 하면서 기도를 했다. "또또또

성령님, 오늘은 어떤 넥타이를 맬까요?

또 아~, 또또또또 아~." 하고 계속 기도를 했다. 예수를 모르는 사람이 생전 처음 기도하는데 자꾸 이상한 방언 기도를 한다. 사모가 겁이 나서 절제를 시켰다.—방언을 받고 절제를 못하면 귀신의 역사이다. 방언을 할 때 성령의 절제를 받는다. 처음 방언 받은 사람이 절제하지 못할 때 "나사렛 예수 이름으로~." 하고 절제를 시키면 절제가 된다. 사탄이 준 이상한 말은 절제가 안 된다.—당황한 사모가 예수 이름으로 절제를 시켰는데도 "또또또또 아~, 또또또또 아~." 하고 계속 방언을 한다. 사모가 절제시키려는 것을 알고 여 집사가 종이 위에 글씨를 써서 사모에게 보여 준다.

'사모님, 저 지금 절제시키지 마세요. 주님하고 지금 대화하고 있어요.'

사모가 안심을 했다. 이제 더 이상 절제시키지 않고 가만히 기도하는 모습을 지켜보고 있었다. 어느 정도 시간이 흐르니까 스스로 기도를 끝냈다.

사모가 물었다.

"하나님과 어떤 대화를 나눴어? 그리고 대화할 때 하던 행동은 뭐야?"

여 집사가 궁금해 하는 사모에게 대답을 했다.

"하나님이 남편 담배 피우는 것을 하나님께 맡기래요. 그러면 하나님이 우리 가정을 잔잔한 물결처럼 만들어 준다고 하셨어요. 그리고 남편 술 마시는 것도 하나님께 맡기래요. 하나님이 우리 가정을 잔잔하게 해 준다고 하셨어요. 너의 질병 디스크와 위장병 다 나한테 맡기면 가정을 잔잔하게 해 준다고 하셨어요."

그리고 나서도 계속 "또또또또." 하고 방언을 해서 내가 또또 집사라고 별명을 지어 주었다.

그렇게 방언을 받고 성령이 임하여 응답 받고 나자 기적이 일어났다. 남편이 술과 담배를 다 끊어 버리고 우리 교회 남전도회장이 되었다.

성령은 왜 오시는가. 로마서 8장 26절에 인간이 나약하기 때문에 나를 도와주시기 위해 오셨다. 다시 한 번 강조한다. 방언의 은사가 얼마나 소중한 줄 알아야 한다.

아프리카 사람들이 다이아몬드를 보고 뭔지 몰라 반짝거리니까 신기해서 가지고 놀다가 지겨워지면 아무데나 버렸다고 한다. 사람들은 다이아몬드보다 더 값진 방언의 값어치를 모른다. 그래서 처음에는 방언 받았다고 좋아하다가 나중에 방언 기도를 하지 않고 소멸해 버린다. 다이아몬드는 돈만 있으면 살 수 있다. 하지만 방언은 아무리 돈이 많아도 살 수가 없다. 돈이 너무 많아 스스로 감당하지 못하는 사람도 방언을 받기 위해 여기저기 찾아다닌다.

방언이 얼마나 소중하면 성경 열세 권을 쓰고, 그렇게 겸손한 바울도 자신이 방언함을 자랑했다. 고린도전서 14장 18절에서 바울이 남

성령님, 오늘은 어떤 넥타이를 맬까요?

들보다 방언을 더 말함을 하나님께 감사했다. 자랑을 성경에 기록하기가 부끄러웠겠지만 겸손한 사도 바울도 자신이 방언을 많이 함을 기뻐하며 성경에 기록했다. 그러니 방언 받은 사람은 얼마나 감사한가. 말로만 감사하지 말고 하나님이 주신 은사이니 항상 두 시간 이상 사모하는 마음으로 방언 기도하는 성도가 되어야 한다.

예언의 은사

방언을 하면 예언의 은사가 따라온다.

예레미야 1장 9절에서 하나님은 내 입으로 하나님의 응답을 주신다고 하셨다. 즉 나도 모르게 하는 기도가 사실은 하나님이 내게 응답해 주시는 말이라는 것을 깨달아야 한다.

방언을 하다가 자기도 모르게 "담대하라. 두려워하지 말라." "내가 너에게 물질의 복을 준다." "네 자녀 문제를 해결해 준다."라는 말이 나오면 바로 "아멘" 하고 하나님의 응답으로 인정하고 믿으면 그대로 된다.

방언을 하고 통역과 통변의 은사가 오면 반드시 예언의 은사가 따라온다. 내가 한참 방언을 받아 방언으로 기도할 때 하나님이 내 입을 통해 이런 말씀을 하셨다.

"사랑하는 아들아! 앞으로 내가 너를 전 세계를 다니게 하겠다. 그리고 너희 사 형제는 모두 목사가 될 것이다."

하나님이 내 입을 통해 예언하신 것이다. 지금은 그 예언대로 사 형제 모두 목사가 되었다. 하나님이 예언하신 대로 그대로 이루어졌다.

투시의 은사

방언을 받으면 투시의 은사가 따라온다. 사도행전 5장 1-15절에서 아나니아와 삽비라가 자신의 소유를 팔아 일부를 감추고 나머지를 베드로에게 바쳤다. 돈을 숨긴 사실을 부부만 알고 아무에게도 말하지 않았다. 베드로가 아나니아와 삽비라의 마음속에 사탄이 있다고 하면서 땅 값의 일부를 숨긴 사실을 알아차렸다. 방언 기도를 많이 하면 상대방의 심령이 보인다. 이것이 바로 상대방의 심령을 투시하는 것이다.

어머니 친구 분 중에 황 집사라는 분이 계신다. 이분은 우리가 상상할 수 없을 정도로 기도를 정말 많이 하시는 분이다. 이 집사님이 나에게 기도를 받으러 왔다. 우리 큰딸 이름이 은경인데 "은경이 아빠! 나 좀 기도해 줘. 내가 요즘 마음이 답답해." 하고 기도를 부탁하셨다.

"집사님은 항상 기도만 하시는데 제가 무슨 기도를 해 드려요." 하

성령님, 오늘은 어떤 넥타이를 맬까요?

고 정중하게 사양했다. 그래도 기도를 해 달라고 하셨다. 어머님 친구분이고 해서 기도를 해 드렸다.

"아버지, 우리 황 집사님이 기도를 해 달라네요." 하고 방언으로 기도했다. 순간 성령님이 내 마음에 감동을 주신다.

'아들아! 저 황 집사에게 금식하며 막는 기도를 하라고 해라. 큰 시험이 다가온다.'

내가 응답 받은 대로 전했다.

"황 집사님 금식하시면서 막는 기도하셔야겠네요. 큰 시험이 다가온다 하시네요."

"그래요?"

어머니가 앉아 계신데 나도 모르게 황 집사님 얼굴을 쳐다보았다. 얼굴을 보는데 속으로 나를 빈정거리는 것 같았다.

'아니, 지 까짓 게 술 처먹고 헬렐레한 게 엊그제인데 뭘 안다고 내가 기도를 얼마나 많이 하는데 웃기고 자빠졌네.'

내가 황 집사님 듣지 못하게 작은 목소리로 어머니에게 살짝 말씀드렸다.

"어머니, 황 집사님이 지금 빈정거리네요."

"뭐라고 빈정거리는데?"

"내가 기도를 얼마나 하는데 니가 뭘 안다고 하면서 빈정대요."

"요놈 자식, 눈깔하고 주둥이를 팍 찔러 버려. 언제 그랬냐? 니가 직접 귀로 들었어?"

어머니가 노발대발하신다.

내 눈에 빈정거리는 그분의 심령이 보인다. 예수님이 바리새인과 변론하면서 그 심령을 다 보셨다. 나는 기도하면 사람들의 심령이 느껴진다. 내가 이런 경우를 간증하면 밤을 새워서도 할 수 있다.

어머니는 내가 황 집사님이 빈정댄다고 하니까 "판단하지 마라."고 하시면서 나를 잡아먹을 듯이 뭐라고 하신다. 어머니가 내 마음을 알아주지 않으니까 너무 답답해서 "아휴, 아버지~." 하고 삼각산에 올라갔다.

삼각산에 가면 장OO 목사님이 사역하는 민족제단이라는 곳이 있다. 그곳에서 금식하고 기도하고 있는데 며칠 지나서 어머니하고 황 집사님이 같이 산에 올라왔다. 올라오시더니 황 집사님이 내 손을 꼭 잡고 말씀하신다.

"주님의 종님! 내가 잘못했습니다."

"아니 집사님! 왜 그러세요." 하고 이유를 물었다.

"주님의 종님이 금식하며 막는 기도를 하라고 했잖아요."

"네, 그랬죠."

"내가 그때 속으로 '네 까짓 게 술 처먹고 뭘 아나 내가 기도를 얼마나 많이 하는데' 하고 빈정거렸어요."

어머니가 옆에서 말참견을 했다.

성령님, 오늘은 어떤 넥타이를 맬까요?

"어머, 그랬어요. 난 그것도 모르고 아들이 황 집사가 빈정대는 것 같다고 할 때 판단하지 말라고 하면서 막 뭐라고 했는데."

"그런데 우리 남편이 어제 차로 사람을 치었어요."

이게 바로 투시다. 기도하면 상대방의 심령이 보이고 속으로 어떤 말을 하고 있는 것까지 보인다.

자세한 상황을 들어보니 황 집사님 남편 분이 버스 운전을 하시는 데 버스를 후진하다가 아이를 쳤다. 아이가 그 자리에서 숨이 끊어져 버렸다. 알고 보니 그 아이가 검찰청에 다니는 사람의 사 대 독자였다. 아이를 쳤는데 하필 검찰청 다니는 사람의 사대 독자라니 얼마나 황당한가.

성령님은 우리의 연약함을 도우시기 위해 오셨다. 그런데 그 도움의 손길을 거절했으니 그런 아픈 시련이 온다. 그렇다고 나를 이상하게 생각하지 말기 바란다. 나도 다른 사람과 마찬가지로 하나님이 창조하신 인간에 불과하다. 항상 다른 사람의 심령이 보이는 것은 아니다. 특별한 상황에서만 성령님이 알려 주신다.

귀신을 쫓는 능력

방언은 귀신을 쫓는 능력이 있다. 방언은 하늘나라 언어이다. 그래서 마귀가 가장 무서워하는 것이 방언이다.

산에 가서 기도를 해 보니 무당들이 신 내림을 받기 위해 산에서 굿을 하고 공을 들이는 이유를 알 수 있었다. 산에는 사탄의 역사가 어마어마하다. 산에서 기도하는 데 귀신이 기도를 방해한다. 그때 예수의 이름으로 소리치면 귀신이 움찔하고 방언 기도하면 귀신이 떠나간다.

간혹 화장실에 가다가 갑자기 두려움이 올 때가 있다. 이것도 귀신이 있다는 증거다. 그럴 때 절대 두려움에 빠지면 안 된다. 그때 귀신이 내 안에 역사하여 영적으로 뒤집어져 버린다. 무서움증이 올 때 바로 예수 이름으로 쫓고 방언으로 기도하면서 "예수의 피로, 예수의 이름으로 물러가!"라고 명령을 하고 방언 기도를 하면 귀신이 떠나가고 내 마음에 평안이 온다. 마치 어머니 품에 안기는 것 같은 평안한 느낌이 온다. 사탄의 영과 주의 영의 싸움에서 주의 영이 승리한 것이다. 마귀가 떠나야 가정 문제가 풀어진다.

인간은 숫자로 5고 마귀는 6이다. 5인 인간은 죽었다 깨어나도 6인 마귀를 이길 수 없다. 그런데 하나님은 7이시다. 우리가 연약하기 때문에 7이 되신 성령님이 우리 안에 오신다. 5인 사람과 7인 성령이 연합하면 6인 마귀는 우리의 밥이다.

어머니 친구 분 중에 앞에서 말한 황 집사님 말고 황 권사님이 있다. 이 권사님이 밤마다 잠을 못 잔다. 하루는 삼각산 흔들바위 쪽에서 기도를 하고 있는데 어머니가 황 권사님을 모시고 왔다. 잠을 못 주무서서 얼굴이 누렇게 떠 있었다. 권사님이 오셔서 하시는 말씀이 밤마다 주방 쪽에서 시커먼 무언가가 나타나서 무서워 잠을 못 잔다는 것이다. 무서워서 "예수 이름으로~.", "십자가의 보혈로~." 하고 쫓아도 없어지지 않는다고 했다. 그 이후로 밤마다 무서워 가위에 눌려 잠을 못 주무신다고 했다.

내가 방법을 알려 드렸다.

"권사님 능력으로 아무리 십자가를 외쳐도 안 됩니다. 방언의 은사를 받아서 방언 기도 해 보세요. 그러면 귀신이 확 떠납니다."

어머니 교회에서 방언하면 이단이라 하니까 이 권사님도 지금까지 방언을 받지 못했다. 내가 삼각산 흔들바위 쪽에서 기도를 하면서 권사님에게 손을 댔다. 그러자 방언이 터졌는데 방언이 "헬롱 헬롱." 하고 나왔다. 권사님이 방언을 처음 받아 보니까 "목사님 방언이 헬롱 헬롱이 나와요. 이상해요. 창피해서 못하겠어요." 하고 속상해 하셨다. 내가 다른 사람이 받은 방언 이야기를 해 드렸다.

"권사님, '헬롱 헬롱' 가지고 이상하다고 하지 마세요. 어떤 사람은 '또또또또' 하고 나오고, 어떤 사람은 '치치치치', '꽥꽥꽥꽥', '빵빵빵빵' 하고 방언이 나와요. 제 아내는 '바꿔 놓고, 바꿔 놓고, 바꿔 놓고'라고 나왔어요. 그러니까 걱정하지 말고 방언 기도하세요."

방언이 '쮸쮸'이든 '헬롱 헬롱'이든 하시라고 권면해 드렸다.

"아, 이상해."

"권사님 그러지 마시고 진짜 하셔야 해요."

"아휴, 알았어요."

이상하게도 방언으로 계속 '헬롱 헬롱' 했다.

어머니하고 두 분이 산을 내려갔다. 그날 저녁에 주무시는데 주방 쪽에서 시커먼 무언가가 또 나왔다. 권사님이 놀라서 "아이고" 하고 비명을 지르는데 갑자기 내 말이 떠올랐다고 한다. 그래서 "헬롱 헬롱" 하고 방언을 했다. 그런데 그날 이후로 오늘까지 그 시커먼 게 나오지 않는다. 다시 한 번 말하지만 내가 연약하니까 하나님이 방언의 은사를 주신 것이다.

한 번은 내가 중매를 했다. 아는 사람 중에 착한 권사님이 있었다. 그분 자녀와 우리 교회 한 아가씨와 중매를 했다. .

"너 내가 아는 권사님 아들하고 만나 보렴."

내가 아가씨에게 말을 꺼냈는데 싫다고 거절을 한다. 이유를 물었더니 남자가 키가 작아서 마음에 안 든다고 한다. 2세를 생각해서 키가 큰 사람과 만나야 한다고 했다.

"야! 뭘 그렇게 골라. 그 집은 평생 먹고 사는 걱정 없으니까 괜찮아."

내가 계속 설득을 했는데 거절을 한다. 얼마나 고집이 센지 모른다. 그러다가 하루는 그 아가씨와 악수를 하는데 아가씨가 방언이 터졌다.

"할렐루야 할~~~ 랄랄랄라라라라."

내가 한얼산, 오산리기도원에서 수천 명의 방언 통역을 해 봐서 방언을 들어보면 이게 방언인지 아닌지 금방 알 수 있다. 아가씨가 방언이 터져서 내가 알려 주었다.

"야! 너 성령 받았다."

"목사님 무슨 방언이 '랄랄랄랄라' 하고 나와요. 그냥 제가 '랄랄랄랄라' 하는 거예요."

"아니야, 너 방언이 임했으니까 하는 거야."

"아휴~ 아니에요! 이거 내가 하는 거예요. 이제 '랄랄랄라' 안 해요."

"야! 너 고집부리지 마라. 너 방언이 임했어. 믿으라니까."

"아니에요!"

"야! 이 기집애야 믿어!" 하고 소리를 쳤다.

"목사님 왜 혈기를 부리고 욕을 하세요."

"기집애가 욕이냐!" 하고 또 소리를 쳤다.

그랬더니 목사님이 자기에게 혈기 부린다고 가 버렸다.

그리고 한동안 교회에 안 나왔다. 알고 보니 성남으로 이사를 갔다. 한동안 연락이 없었는데 친구들에게 소식을 들어보니 키 큰 남자 만나서 시집을 갔다고 한다. 나도 여자가 고집이 너무 세서 이사를 가든지 말든지 신경을 쓰지 않고 잊고 있었다.

그런데 한 3년 만에 우리가 2층에서 교회를 할 때 집으로 찾아왔다. 3년 만에 나타나서 "목사님 나 좀 살려 주세요." 하고 애원을 했다.

"왜 그래? 무슨 일 있니?"

"목사님이 중매했을 때 제가 거절하고 성남에 와서 키 큰 예수 안 믿는 남자와 만나서 결혼했어요. 그리고 임신을 해서 애를 낳는데 애 둘이 백일하고 돌이 되어서 죽었어요."

"아니, 아이가 왜 죽니? 너 하나님이 허락하지 않으면 새 한 마리 안 떨어져 죽어. 반드시 뭐가 있겠지. 기도해 보자. 너도 기도해 봐." 같이 기도를 시키고 나는 방언 기도를 했다.

"너 방언하니?" 하고 물었더니 못한다고 한다.

내가 소리를 꽥 질렀다.

"너 가!"

"싫으면 빨리 해 봐." 하니까 '랄랄랄라' 하고 방언 기도를 했다.

"너 방언 받았어?" 하고 물으니까 아무 대답을 하지 않는다.

"받았어, 못 받았어? 아멘 해! 받았으면 아멘 해!!" 하고 방언 받은 것을 시인시켰다.

"아멘!"

한참을 지나서야 본인이 인정을 했다. 그랬더니 이제 방언을 한다.

"랄랄랄라, 랄랄랄라, 랄랄랄라."

나도 같이 방언으로 기도를 했다. 방언 기도를 하는데 성령이 나에게 깨달음을 주셨다.

'아들아. 이 딸은 절대로 마귀를 이길 수 없다. 너희 인간은 5인데

성령님, 오늘은 어떤 넥타이를 맬까요?

어떻게 5가 6인 마귀를 이기냐. 그래서 내가 너희가 마귀에게 이기라고 7인 보혜사 성령을 너희 안에 넣어 주었다. 이 딸이 약해서 성령이 임하게 하기 위해 방언을 주었단다. 그런데 본인이 안 받았다고 하면서 방언 받은 것을 시인하지 않으니까 성령의 도움을 받지 못해 애가 낳기만 하면 얼마 안 있어 죽었다.'

인간은 참 연약한 존재다. 정말 아무것도 아니다. 당장 지금이라도 죽을 수 있다.

내가 다시 권면했다.

"너 잘 들어. 이번에 가서 방언 기도 많이 해. 그럼 애 절대 안 죽어!"

그리고 집으로 갔다. 얼마 있다가 임신이 된 것 같다고 전화가 왔다. 또 전화에 대고 권면했다.

"화장실에 가서도 방언 기도하고, 잠을 자도 방언 기도, 밥을 먹어도 방언 기도를 해."

지금은 애를 둘이나 낳았는데 안 죽었다.

본 교회 목사가 영이 열려서 성령의 음성을 듣고 하나님과 변론하고 성령이 충만하면, 목사가 하는 말은 하나님이 목사의 입을 통해 나에게 주는 말인 줄 알고 '아멘' 해야 한다. 속으로 '야, 너나 잘해라.' 이러면 안 된다. 우리가 연약해서 하나님이 방언의 은사를 주신 것이다. 그러니까 마귀가 가장 싫어하고 무서워하는 것이 방언 기도다.

평소에도 방언 기도를 하고 힘들고 어렵고 아플 때는 방언 기도를 더 사모하라. 문제를 해결할 지혜를 주시고 질병 귀신이 떠나간다. 그러면 내 마음에 세상에서 누릴 수 없는 평안함이 온다. 그때가 바로 성령의 도움으로 마귀를 이겨 승리한 것이다.

장래에 내게 올 시험을 막아 주는 능력

방언은 장래에 내게 올 시험을 막아 주는 능력이 있다.

대림동 성심병원 근처에 살 때 일이다. 영미 엄마라고 여의도순복음교회에 다니는 집사가 있었다. 이 집사가 교회를 다니지 않고 방황을 하고 있었다. 두 살 정도 되는 아들이 있는데 아이 배가 폭격 맞은 것처럼 피부병이 걸려서 살이 썩어 들어갔다. 대학병원에서도 고칠 수가 없다고 포기를 했다. 아이는 내가 손을 대기만 하면 죽는다고 울면서 손을 쳐 버린다. 그래서 기도를 했다.

'아버지, 이 아이가 내 손만 대면 자지러져요.'

'아들아, 이게 다 귀신 장난이다.'

기도 응답 받고 아이 엄마한테 담대히 말했다.

"영미 엄마, 울다가 죽은 애 없어요. 많이 울면 가수되니까 염려하지 말고 나한테 맡기세요."

성령님, 오늘은 어떤 넥타이를 맬까요?

아이를 붙잡았더니 애가 울고 난리가 났다. 아이가 울든지 말든지 방언 기도를 했다.

"이 울게 하는 귀신아! 예수 이름으로 물러갈지어다. 배 속을 썩어 들어가게 하는 더러운 귀신아! 예수 이름으로 물러갈지어다."

기도하는데 갑자기 마음에 성령의 감동이 온다.

'아들아! 다 떠나갔다.'

"예수님 이름으로 기도합니다. 아멘!"

기도를 마치니까 애가 울음을 뚝 그쳤다. 엄마가 애를 안고 다락방으로 갔다. 한참 시간이 지나자 아이가 다시 방실방실 웃기 시작했다. 옆에 있던 김 집사와 황 집사가 한 시간 만에 아이 배를 보니까 배에서 그때까지 진물이 질질 흘러내렸다. 세 시간 반 쯤 지나니까 그 자리에 딱지가 앉았다. 대학병원에서도 못 고치는 병이었는데 차도가 생겼다. 그 다음날 아침에 딱지가 앉은 자리에 새살이 솟아났다. 아이가 병이 싹 나았다. 아이 아빠인 정 선생이 고맙다고 인사를 했다.

"목사님, 우리 아들 대학병원에서도 못 고치는 병을 고쳐 주셔서 너무 감사합니다. 이 은혜를 어떻게 갚아요?"

"제가 고친 것이 아니라 주님이 고쳐 주셨어요. 정 선생님도 이제 예수 믿으세요. 부인도 예수 믿고 스스로 방학했다가 이제 개학을 했으니 정 선생도 잘 믿으셔야 합니다. 의학으로 못 고치는 것을 하나님이 고쳐 주셨잖아요."

"목사님, 너무 감사합니다. 그런데 너무 바빠서 교회 갈 시간이 없어요."

"정 선생, 이러시면 안돼요. 하나님 마음이 아프세요. 믿으셔야 해요."

내가 계속 권면을 했다.

"목사님 은혜는 제가 평생 잊질 않겠습니다. 하지만 죽는 날 빼놓고 시간이 없어요."

말을 해도 참 안 좋게 한다. 이왕이면 긍정적인 말을 해야 하는데 부정적인 말을 했다. 내가 걱정이 돼서 하나님께 기도했다.

'아버지! 이 사람이 죽는 날 말고 시간이 없다는데 어쩌죠.'

성령님이 내게 감동을 주신다.

'아들아! 가만 두어라. 내가 하겠다.'

하루는 영미 엄마가 밤 9시 30분쯤 성경을 보고 있는데 갑자기 어떤 생각이 떠올랐다.

'내 딸아! 빨리 성경 접고 기도해라.'

처음에는 '성경 보는데 무슨 기도를 해.' 하고 그 생각을 무시해 버렸다. 다시 성경을 읽기 시작했다. 아무도 없는 방에서 성경을 계속 보고 있는데 갑자기 뒤에서 누가 등허리를 팍 쳤다. 얼마나 놀라고 무서웠겠는가. 무서워서 성경을 접어 두고 방언으로 기도했다. 기도하는데 계속해서 남편이 떠오르고 남편 기도가 나왔다. 한참 기도하고나니 마음에 평안이 왔다. 기도를 마치자 성심병원 옆에 있는 대림동 파출소에서 전화가 왔다.

"지금 남편이 횡단보도를 건너오다가 차에 치였습니다. 성심병원 응급실로 빨리 오세요."

파출소에서 전화를 받고 바로 나에게 전화를 했다.

나도 놀라서 영미 엄마와 같이 병원으로 뛰어갔다. 그날 처음으로 교통사고가 나서 사람 두개골이 깨진 모습을 보았다. 남편 두개골이 부서졌는데 안에 하얀 골이 보였다. 차에 치이고 땅에 떨어지면서 다쳤는지 몸의 피부가 다 찢어져 있었다. 두개골이 터져서 하얀 골이 빠져나오니까 의사들이 수술하나마나 바로 죽는다고 했다. 그러나 보호자가 수술하다 죽어도 책임을 묻지 않겠다는 서명을 하면 수술을 한다고 했다. 영미 엄마는 죽어도 좋으니 수술을 해 달라고 하면서 서명을 했다. 서명을 하자마자 의사들이 급하게 환자를 수술실로 옮겨 수술 준비를 했다. 의사들이 모두 수술실로 들어가고 나는 병원 복도 바닥에서 영미 엄마와 함께 기도를 했다.

"아버지, 정 선생이 죽는 날 빼고는 시간이 없다고 했으니 잠깐만 살렸다가 죽여 주세요."

죽기 전에 말로 지은 죄를 회개하게 하려고 잠깐만 살려 달라고 기도를 했다. 영미 엄마는 옆에서 막 울면서 기도하고 있다.

"아버지, 나 혼자 어떻게 살란 말이에요."

기도하고 있는데 "여보세요. 여보세요." 하면서 누가 불렀다. 눈을 뜨고 보았더니 파출소에서 조서를 꾸며야 한다고 경찰 두 명이 왔다. 경찰이 조서를 꾸미면서 사고 당시 상황을 자세하게 설명을 했다.

횡단보도에 파란 불이 시간이 지나서 깜빡일 때 정 선생이 술에 취해서 용감하게 횡단보도를 건너기 시작했다. 횡단보도 중간쯤 왔을 때 파란 불이 꺼지고 빨간 불이 켜졌다. 사람이 횡단보도 중간에 서 있는 것을 알지 못하고 달려오던 차가 정 선생을 그냥 들이받았다. 정 선생은 '퍽' 소리와 함께 날아가 버렸다.

경찰이 그 당시 사고 현장을 다 보았는 데 시간이 9시 반 그 전후라고 했다. 상황 설명을 듣고 영미 엄마가 내게 말했다.

"목사님 희한해요."

"왜요?"

"집에서 성경 보는데 기도하라는 생각이 들었는데 기도를 안했더니 누가 등허리를 때리는 거예요. 그래서 놀라서 기도한 시간이 그쯤이에요."

그 말을 듣는 순간에 머리에 생각이 떠올랐다.

'아하! 저 정 선생, 안 죽겠구나.'

우리가 쉽게 간과하는 것이 있다. 그것은 우리가 일하다가 또는 길을 가다가 기도해야겠다는 생각이 드는 것이다. 그때 바로 순종해서 기도를 해야 한다. 기도할 여건이 안 되면 눈을 뜨고라도 방언으로 기

성령님, 오늘은 어떤 넥타이를 맬까요?

도를 해야 한다.

　사람의 인생 가는 길은 아무리 내가 알려고 노력해도 한치 앞도 알 수가 없다. 성령님이 기도하라는 영감을 주면 무슨 문제가 생기겠다는 것을 깨닫고 바로 막는 기도를 해야 한다.

　영미 엄마가 기도한 시간과 정 선생이 사고를 당한 시간이 정확이 맞았다. 수술실에 들어간 정 선생은 얼마나 수술을 오랫동안 하는지 한 아홉 시간 정도 수술을 했다. 의사가 수술을 마치고 나오자 어떻게 되었냐고 물었다.

　"수술은 성공적으로 잘 되었습니다."

　더 이상 말이 없자 영미 엄마가 의사를 쫓아가서 계속 물었다.

　"선생님 솔직히 얘기해 주세요. 우리 남편 살 수 있나요?"

　의사도 딱히 답해 주기기 어려웠던지 "죽고 사는 것은 그분만이 아십니다." 하고 대답을 한다.

　수술이 끝난 정 선생을 회복실로 옮겨 놓았다. 눈만 나왔고 다른 부분은 다 붕대로 감겨 있다. 회복실에서 내가 정 선생을 위해 기도했다. 한참 시간이 지나더니 환자가 눈을 떴다.

　내가 제일 먼저 가서 물었다.

　"정 선생, 나 알겠어?"

　"목사니~임" 한다.

　내가 또 물었다.

"정 선생! 지금도 바빠?"

"안 바빠요."

울면서 그 대답만 한다.

그 정 선생이 지금 안양에서 사는데 예수 잘 믿는다는 소식을 들었다. 부부가 전도회 활동도 하면서 신앙생활을 열심히 하고 있다. 인간의 혼은 하나님께 혼나야지 정신을 차린다. 나도 그랬지만 꼭 터지고 나서야 믿는다. 멀쩡할 때 잘 믿으면서 행복하게 살면 좋으련만, 그렇게 몸이 차에 치여서 박살이 나야지 믿는다.

다시 한 번 강조하지만 성령님은 왜 오시느냐 우리의 연약한 것을 도와주러 오셨다. 그러니까 갑자기 기도하라는 영감이 오면 빨리 순종해야 한다. 눈뜨고라도 그리고 빨래하면서라도 방언으로 기도를 해야 한다. 그러면 하나님이 나에게 오려는 시련을 막아 주신다.

방언의 영권

믿음에도 육의 믿음과 영의 믿음 두 가지가 있다. 예를 들어 내 앞에 강대상을 만드는 데 필요한 재료가 준비되어 있다면 재료가 있기 때문에 당연히 강대상을 만들 수 있다고 믿는다. 이런 믿음은 육의 믿음이다. 재료가 준비되어 있고 이것을 이용해서 강대상을 만들었으니 이것

성령님, 오늘은 어떤 넥타이를 맬까요?

은 누구나 인정할 수 있는 믿음이다.

내 앞에 강대상의 재료가 없는데도 강대상을 만들 수 있을까? 육의 믿음으로는 도저히 불가능한 일이다. 하지만 재료가 없어도 하나님은 강대상을 만들 수 있다는 믿음이 바로 영의 믿음이다.

아무것도 없는 이 땅에 천지와 우주 만물을 만드신 하나님이시다. 그분에게 불가능한 것은 없다. 창조주 하나님이 영으로 축복할 때 "아멘" 하고 받는 믿음과 실천이 있어야 한다.

초등학교 네 번 퇴학 맞고, 영어 한 마디 못하는 내가 영의 음성을 통해 전 세계를 다닌다는 예언의 말을 듣고 얼마나 황당했는지 모른다. 그런데 믿고 "아멘" 하니까 아버지가 거짓말 않고 전 세계를 다니게 하셨다. 나는 미국 전역, 아프리카, 유럽 전 세계를 다녀 보았다. 지금은 하도 여러 나라를 다녀서 몇 개국을 갔다 왔는지 셀 수조차 없다. 영어 한 마디 못하는 부족한 나를 전 세계에 보내신 하나님에게 불가능한 것이 있겠는가.

이제 방언이 무엇인지 몰랐던 사람도 방언이 어떤 것이고 또 얼마나 귀한 것인지 그 이유를 알게 되었을 것이다. 단순히 아는 것에 그치지 말고 믿음으로 내디뎌야 한다. 목사들은 양을 인도해야 하기 때문에 성도들보다 더 많은 시간 동안 방언 기도를 해서 하나님과 영으로 교통해야 한다. 기도를 많이 쌓아야지 하나님이 나에게 맡긴 양을 하늘나라로 인도할 수 있다. 양을 인도하는 목사는 최소 세 시간 이상 방언으로 기도를 해야 한다. 세 시간 이상 꾸준히 방언 기도를 하면 이제 언급할 말씀의 영권, 기도의 영권, 믿음의 영권, 성령의 영권 이 네 가지 영권이 따라온다.

말씀의 영권

예수를 부인했던 베드로가 죄를 회개하고 성령을 받고 나서 앉은뱅이를 예수 이름으로 명할 때 앉은뱅이가 벌떡 일어났다. 베드로에게 말씀의 영권이 임한 것이다.

나도 내 감기 걸린 것 하나 고치는 못하는 사람이다. 10년 이상을 7-8시간을 방언 기도하면서 하나님의 말씀의 영권을 받았다. 말씀의 영권을 받고 8년 된 앉은뱅이를 성령님이 일으키라는 영감을 주셔서 안수하면서 예수 그리스도의 이름으로 일어나라고 명령했다. 그러자 앉은뱅이가 벌떡 일어났다. 뇌성마비 아이도 성령님이 아이의 아버지가 회개해야 병이 고쳐진다고 알려 주셨다. 성령의 지시대로 아버지가 회개한 후 뇌성마비인 아이가 고침을 받았다. 골수암 환자도 성령이 그 이유를 알려 주셔서 고침을 받았다.

내가 아니라 내 안에서 계신 성령님이 말씀할 때 나에게 말씀의 영권이 임하여 환자들이 고침을 받았다. 이런 일들은 하나님의 말씀의 영권을 받아서 일어났다.

기도의 영권

엘리야가 기도할 때 하나님의 응답을 받아서 하나님과 영적 소통을 했다. 이것이 바로 기도의 영권이다.

하나님은 살아 계시다. 하나님은 귀를 잡수신 분이 아니다. 이사야 1장 18절의 말씀처럼 하나님은 나와 일대일로 변론하시기를 원하신다. 창세기 18장 17절 말씀에서 하나님은 당신이 하려는 것을 아브라함에게 알려 주셨다. 아브라함의 하나님, 나의 하나님, 목사의 하나님, 다 같은 하나님이시다. 하나님은 아브라함에게만 알려 주시고 우리에게는 알려 주지 않는 아버지가 아니다. 아브라함에게 알려 주신 것처럼 나에게도 반드시 알려 주신다.

믿음의 영권

세 시간 이상 방언 기도하면 믿음의 영권을 받는다. 믿음의 영권은 성경 66권의 모든 말씀이 다 믿어지고 성령의 음성이 믿어지는 것이다. 예를 들어 출애굽기에서 홍해가 양쪽으로 갈려져 바닷길이 났고 그 길로 사람이 건넜다. 육의 믿음에 익숙한 우리는 '진짜 바다가 갈라질까?' 하는 생각이 들면서 홍해가 갈려졌다는 말이 믿기지가 않는다.

이르시되 너희 믿음이 작은 까닭이니라 진실로 너희에게 이르노니 만일 너희에게 믿음이 겨자씨 한 알 만큼만 있어도 이 산을 명하여 여기서 저기로 옮겨지라 하면 옮겨질 것이요 또 너희가 못할 것이 없으리라(마 17:20).

위 말씀에서 예수님은 우리가 겨자씨 한 알 만큼의 영의 믿음이 있으면 산을 명하여 다른 곳으로 옮길 수 있다 하신다. 겨자씨만 한 믿음도 산을 옮기는 능력을 가지고 있다. 그렇다면 믿음의 영권 받은 사람은 어떤 불가능한 상황에서도 하나님을 믿고 내딛는다.

목사가 믿음의 영권이 없으면 '개척했다 망하면 어떡하나 손가락 빨지 않을까?' 하는 걱정이 앞서 믿음으로 내딛지를 못한다. 말씀의 영권, 기도의 영권을 받아도 믿음의 영권을 받지 못하면 내딛지를 못한다.

아픈 사람을 보고 성령이 기도하면 낫는다고 응답해 주셨는데도 하나님의 응답을 영의 믿음으로 받지 못하고 육의 믿음이 앞서는 사람은 이런 생각을 한다.

'병원에서도 못 고치는 데 내가 기도한다고 병이 나을까? 낫지 않으면 개망신 당하는 거 아닌가?'

믿음의 영권을 받지 못한 사람은 이런 의심이 앞서기 때문에 환자 앞에서 치유 기도를 행하지 못한다. 내가 고친다는 생각이 앞서기 때

성령님, 오늘은 어떤 넥타이를 맬까요?

문에 의심이 생기는 것이다. 생각해 보라. 하나님이 낫는다고 응답해 주셔서 기도했는데 환자가 낫지 않으면 내가 망신당하는 게 아니라 하나님이 망신을 당한다. 내가 고치는 것이 아니라 하나님이 고치시는 것이다. 믿음으로 내딛기 위해서는 강하고 담대해야 한다.

성령의 영권

마지막으로 세 시간 이상 방언 기도하면 성령의 영권을 받는다. 성령의 영권을 받으면 뇌성마비, 식물인간 등 인간의 능력으로는 도저히 고침 받을 수 없는 사람들이 벌떡벌떡 일어난다. 이런 치유는 인간의 능력이 아니라 초자연적인 능력, 즉 하나님의 능력이 나타난 것이다. 나를 통해 성령의 능력이 나타나 앉은뱅이, 식물인간, 골수암, 위암 환자가 벌떡벌떡 일어나는 것은 내가 잘나서 된 것이 아니다. 오랜 방언 기도를 통해 성령의 영권을 받았기 때문에 성령이 나를 통해 치유가 일어나는 것이다.

이런 영권이 하루아침에 임하는 것이 아니다. 영권을 받기 위해서는 인내해야 한다. 벙어리 삼년, 장님 삼년, 귀머거리 삼년의 시간을 인내해야 한다. 하나님은 영권을 주시기 전에 나의 말과 행동을 달아 보신다. 우선 시험을 통과하고 그 후에도 교만하지 않고 계속해서 오직 하나님께 기도하는 자에게 하나님이 영권을 주신다. 마지막 때 이런 영권을 받아야 한다. 그러면 내 사전에 물질이 마르지 않는 역사가 일어난다.

성령의 영권을 받은 자는 하나님이 필요할 때마다 다 갖다 주시고 채워 주신다. 왜냐하면 그 사람이 물질을 함부로 쓰지 않고 오직 주의 영광만을 위해 사용하시는 것을 알기 때문이다.

방언이 임하는 단계

방언 받기를 원하는 사람을 위해 성경적으로 방언 받는 방법을 소개한다. 방언 받기를 원하는 분은 참고하기 바란다. 방언의 은사는 두 가지로 나타난다. 첫째는 그냥 죽어라 기도하다 보면 나도 모르게 방언의 은사가 나타난다. 둘째는 주의 종이 안수할 때 방언이 임하는 은사가 나타난다.

두 번째 방법에 대해 소개하도록 하겠다. 두 번째 방법은 다시 세 단계로 방언을 받는다. 첫 단계는 내 입으로 "할렐루야"를 외치면서 주를 찬양하는 것이다. 둘째 단계는 입으로는 "할렐루야"를 외치며 혼—마음, 생각, 의지—으로 자신의 죄를 회개한다. 마지막 단계에 주의 종이 안수를 한다.

성령님, 오늘은 어떤 넥타이를 맬까요?

할렐루야를 외치며 주를 찬양

시편 150편 6절 말씀에서 호흡이 있는 자, 즉 숨 쉬는 인간은 누구를 막론하고 주님을 찬양하라고 하고 있다. 헬라어로 찬양한다는 말이 '할렐루야'다. 우리가 할렐루야 하는 것은 주님을 찬양한다는 뜻이다. 이는 존귀와 영광을 주님께 돌린다는 말이다.

방언을 받기 원하는 사람은 다른 기도는 하지 말고 우선은 내 입으로 '할렐루야, 할렐루야'를 외쳐야 한다. 이 기도는 앞에서 언급한 것처럼 '내가 주님을 찬양합니다.', '존귀 영광을 주님께 돌립니다.'라는 뜻이다. "할렐루야, 할렐루야, 할렐루야"를 외치면서 내 입으로 주님을 찬양하면 혀가 말리면서 방언이 터진다.

아직 말을 잘 못하는 아이들이 할아버지를 부를 때 "하지, 하부지, 할부지" 하고 옹알이를 먼저 한다. 그렇게 옹알이를 계속하다 보면 나중에서는 "할아버지 용돈 좀 줘!" 하고 정확하게 발음을 하게 된다.

방언을 할 때 '할렐루야'로 시작하는 것도 마찬가지이다. 처음에는 '할렐루야' 하면서 옹알이 하듯이 방언이 된다. 그러다가 '할렐루야'가 익숙해지면서 자신만의 방언을 정확히 할 수 있게 된다. 우리 교회에 방언 받으러 오는 사람은 대부분 이렇게 방언을 받는다. 그래서 방언의 기초는 바로 '할렐루야'이다.

최OO, 이OO 목사님이 이런 성경 구절을 먼저 알려 주고 방언하는 방법을 가르쳐 주었으면 좋았을 것이다. 두 분은 방언 받으러 온 사람들에게 무조건 "할렐루야! 라라라라라" 하라고만 알려 주셨다. 사람들이 입으로는 '할렐루야' 하면서 마음속으로는 도대체 '할렐루야'가 방언과 무슨 상관인가 하고 이상하게 생각했다. 사실 두 분이 하신 방법이 성경적으로 방언을 받게 하는 방법이다. 여하튼 가장 중요한 것은 "할렐루야"를 통성으로 외치며 기도하는 것이다.

회개

다음 단계는 사도행전 2장 38절 말씀처럼 성령의 선물인 방언을 받으려면 죄 사함을 받아야 한다. 즉 회개하는 단계이다. 그렇다고 입으로 회개하라는 것이 아니다. 입으로는 계속 "할렐루야"를 외치며 주님을 찬양한다.

인간은 '혼', 즉 내 생각과 마음, 의지가 있다. 회개한다는 것은 내 혼으로 나의 죄를 회개하는 것이다.

입으로는 계속 "할렐루야, 할렐루야"를 외치면서 내 생각으로 나의 죄를 회개한다.

'예수님, 주님, 제가 전날에 알게 모르게 지은 죄가 많이 있습니다. 이제 나에게 회개의 영을 붓고 깨닫는 영을 부어 주세요.'

다시 말하지만 말로 회개하는 것이 아니라 입으로 할렐루야를 외치

성령님, 오늘은 어떤 넥타이를 맬까요?

면서 마음과 생각으로 회개를 한다.

주의 종의 안수

사도행전 19장 6-7절의 말씀에서 바울이 성령을 전혀 모르는 에베소 교인에게 안수할 때 방언과 예언이 터졌다. 방언의 마지막 단계는 주의 종이 안수하는 것이다.

1단계와 2단계를 거쳐 마음속으로 회개하고 입으로는 "할렐루야"를 외친다. 마지막으로 주의 종이 안수하면 방언이 임한다.

방언은 그냥 받는 것이다. 다윗이 말한 것처럼 할렐루야로 주님을 찬양한다. 그리고 영혼으로 회개한다. 마지막으로 사도 바울이 한 것처럼 주의 종이 안수할 때 성령이 임하고 방언이 터진다. 에베소 교인 모두가 성령이 임해 방언이 터진 것은 아니다. 교인 중에 믿음으로 순종한 열 두 사람만 방언과 예언의 은사를 받았다. 믿고 순종하는 사람은 반드시 방언을 받는다. 하지만 조금이라도 의심하고 순종하지 않으면 방언이 임하지 않는다. 방언은 누구나 다 할 수 있다. 그러나 아무에게나 임하지는 않는다.

방언 받기를 원하는 사람은 "할렐루야, 할렐루야"를 크게 외쳐야 한다. 말로 하지 않고 마음속으로 하면 방언을 받지 못한다. 반드시 발성으로 기도를 해야 한다. 방언을 받고 나서도 묵상 기도를 하면 안 된다. 방언은 하늘나라의 언어를 나도 모르게 내 입으로 외치는 것이다.

"주여~"를 크게 외치고 배운 대로 방언을 하다보면 나도 모르게 기도가 된다. 흔히 하는 말로 기도줄이 잡힌다. 그럴 때 하나님과 영적 대화가 이루어진다. 방언 받고 얼마 되지 않은 분이 방언 기도를 하지 않고 묵상 기도를 하면 방언이 소멸된다. 계속해서 발성하는 기도를 많이 해야 방언의 깊이가 깊어진다. 목사나 성도들 그리고 성령을 받지 못한 사람은 이와 같은 단계를 거치면 방언이 터진다. 방언이 터진 후에 방언 기도를 반복해서 훈련하면 자기만의 유창한 방언이 나온다.

성령님, 오늘은 어떤 넥타이를 맬까요?

오늘은 어떤 넥타이를 맬까요?

앞에서 언급한 것처럼 인간은 연약하다. 하나님은 연약한 인간을 돕기 위해 성령을 보내 주셨다. 성령님은 모든 것을 가르치는 스승과 교수가 된다. 성령님은 내가 해야 할 말과 장래의 일도 알려 주신다.

대부분의 교회는 스승과 교수인 성령을 받으라고 한다. 신약성경에서 예수님이 떠나고 보혜사 성령을 보내 주신다 했다. 누구나 성령의 지시를 받아야 한다는 것을 안다. 반면에 성령이 나에게 어떻게 지시하는지는 잘 알지 못한다.

인간은 성령과 악한 영을 분별하지 못하고 자기 의지대로 살다가 결국 죄를 짓게 된다. 이번 장에서는 나에게 지시하는 성령의 음성이 어떻게 들려오는지 알아보자.

사무엘상 3장에서 사무엘은 엘리 제사장 밑에서 영적 훈련을 받는다. 어느 날 사무엘이 잠을 자려고 누웠는데 "사무엘아~, 사무엘아~" 하며 자기를 부르는 소리가 들린다. 성령의 음성은 보통 본인에게만 들려온다. 사무엘이 자기를 부르는 소리에 "예."라고 대답하고 일어났다. 어린 사무엘은 하나님의 영이 무엇인지 몰랐다. 사무엘은 엘리 제사장이 자기를 부른 줄 알았다. 엘리 제사장에게 가서 자기를 불렀냐고 물었다. 엘리 제사장은 안 불렀다고 했다. 같은 일이 세 번이나 반복되었다. 엘리 제사장은 하나님의 영에 대해 알고 있었다. 같은 일이 반복되자 엘리 제사장은 하나님의 영이 사무엘을 찾은 것을 알아차렸다. 사무엘에게 다시 "사무엘아!" 하고 부르면 "주여, 내가 듣겠나이다."라고 대답하라고 알려 준다.

하나님은 인격적인 분이시다. 주님의 음성을 듣고 문을 열어야 하나님이 들어오신다. 문을 열지 않으면 들어오지 않으신다.

사무엘이 다시 자려고 누웠다.

"사무엘아~, 사무엘아~."

"예, 주여 말씀하옵소서. 종이 듣겠나이다."

엘리 제사장이 알려 준 대로 대답을 했다.

사무엘이 하나님을 인정하고 마음의 문을 열자 하나님이 말씀하셨다. 하나님은 사무엘에게 엘리 제사장의 죄악과 앞으로 그에게 징계가 임할 것을 알려 주신다. 삼천 년 전 사람인 사무엘은 직접 하나님의 음

성령님, 오늘은 어떤 넥타이를 맬까요?

성을 들었다.

성경에서 하나님과 대화한 사건이 옛날 이야기가 아니다. 지금도 이루어지고 있다. 그렇지 않다면 성경을 읽을 필요가 없지 않은가. 나는 그렇게 믿는다. 그렇다면 성경에서는 성령이 어떻게 임했는지 몇 가지 사례를 더 알아보자.

빌립 집사 (행 8:26-29)

빌립 집사가 성령의 인도로 에디오피아 내시에게 복음을 전한다. 주의 사자가 빌립 집사에게 예루살렘에서 가사로 내려가는 길까지 가라고 지시한다. 빌립이 순종하여 그곳에 갔다. 그곳에 에디오피아 여왕 간다게의 재정을 맡고 있는 내시가 수레를 타고 지나가고 있었다. 그는 예루살렘에 예배하러 왔다 돌아가는 길에 선지자 이사야의 글을 읽고 있었다. 성령이 빌립에게 수레로 가까이 가라고 지시했다. 빌립이 순종하여 수레 가까이 가서 에디오피아 사람에게 이사야의 글이 이해가 되는지 묻는다. 그가 모른다 하고 빌립에게 설명해 달라고 청한다.

빌립이 이 구절에서 그가 바로 예수 그리스도임을 알려 준다. 내시는 믿음으로 예수 그리스도를 받아들인다. 그리고 빌립에게 물로 세례를 줄 것을 청하여 빌립이 물로 세례를 준다. 빌립은 성령의 지시에 따라 에디오피아 내시에게 복음을 전하고 다시 성령의 이끌림을 받아 다른 곳으로 간다.

베드로 (행 10:9-20)

베드로가 기도하다가 환상을 보고 성령의 음성을 듣는다. 베드로가 가이사랴에서 정오에 건물 지붕에 올라가 기도를 한다. 기도할 때 하늘이 열리고 환상을 본다. 환상에서 보자기 같은 그릇이 내려온다. 그 안에는 땅에 있는 각종 네 발 가진 짐승과 기는 것과 공중에 나는 것들이 있다. 성령의 음성이 이것을 잡아먹으라 한다. 베드로는 그것들이 속되고 깨끗하지 못하므로 먹을 수 없다고 한다. 성령의 음성이 다시 베드로에게 하나님이 깨끗하다 하신 것을 속되다 하지 말라 한다. 환상에서 깨고 고넬료가 보낸 사람이 찾아온다. 성령이 그들과 함께 가라 지시한다. 성령은 베드로에게 세밀하게 역사했다. 기도 중에 환상을 보여 주고 환상 속에서 음성을 들려주셨다. 환상에서 깬 후에도 성령이 베드로의 생각 속에서 지시하신다. 성령의 음성이 베드로에게 고넬료가 보낸 사람과 함께 가라고 지시한다. 베드로는 환상과 성령의 세밀한 음성을 통해 이방인인 고넬료에게 복음을 전했다(행 10:9-20).

성령님, 오늘은 어떤 넥타이를 맬까요?

바울 (행 16:6-10)

　바울이 성령의 지시로 아시아로 가려던 일정을 접고 마게도니아로 가서 복음을 전한다. 빌립, 베드로, 바울 모두 성령이 가야 할 곳, 만날 사람, 해야 할 행동을 구체적으로 세밀하게 알려 주셨다. 그들이 성령의 음성을 들었다면 우리도 들어야 한다.

　성령의 음성을 듣는 사람이 음성을 듣지 못하는 사람과 대화하면 말이 통하지 않는다. 예를 들어 미국에 갔다 온 사람과 가지 않은 사람이 말싸움하면 누가 이기겠는가. 미국에 가지 않은 사람이 이긴다. 우기는 사람을 당할 수가 없다. 성령의 음성을 듣지 못하는 사람은 성령의 음성을 듣는 것은 말도 안 된다고 한다. 신비적으로 하지 말고 성경 말씀으로 돌아가라고 비난을 한다.

　성경에는 분명히 성령의 지시를 받는다고 나와 있다. 선무당이 사람 잡는다고 성경으로 돌아가라는 사람이 성경에 빌립, 베드로, 바울이 성령의 지시를 받았다는 말을 믿지 않는다. 오히려 성경에 그런 내용이 없다고 하면서 성경 말씀을 부인한다. 하나님의 말씀은 일점일획도 변함이 없다. 사무엘, 빌립, 베드로, 바울이 들은 성령의 음성을 우리도 들어야 한다.

　지금 당장 성령의 음성을 듣기는 어렵다. 몇몇 사람은 바로 음성을 듣기도 한다. 하지만 대부분의 사람들은 기도와 훈련을 통해 성령이 단계적으로 역사한다. 단계가 올라갈수록 성령이 역사하는 강도가 높아지고 세밀해진다. 성령님은 한 단계씩 우리를 시험해 보신다. 그것을 통과할 때 다음 단계로 넘어간다. 나 역시 성령 받고 바로 성령의 음성이 들린 것은 아니다.

성령의 음성을 듣지 못하는 사람은 조급해 하지 말고 사모하고 기다릴 필요가 있다.

"나는 성령의 음성이 왜 안 들리지?"

"나에게는 성령이 임하지 않으시나?"

이런 조급한 마음을 가지면 성령의 음성을 듣기가 어렵다. 갓난아이는 혼자서 몸을 움직이지 못한다. 아이가 자라면서 몸을 뒤집고 배밀이를 하고 기다가 혼자서 일어난다. 성령의 음성을 듣는 것도 마찬가지다. 기초부터 시작하고 단계를 거치면서 성령의 세밀한 음성을 체험할 수 있다.

성령의 음성을 들으면 신앙의 초보에서 벗어나 장성한 신앙인으로 변해 가는 자신을 느낄 수 있을 것이다. 날마다 성령이 역사하여 나의 길을 인도하는 모습을 상상해 보라. 상상만으로도 가슴이 뛰지 않는가.

여기서 명심해야 할 것이 있다. 처음부터 쉽게 얻어 지는 것은 없다. 우리 교회 교인들도 처음에는 사모하는 마음으로 기도와 훈련을 한다. 그러다가 며칠, 몇 달이 지나면서 지치고 포기하는 경우가 자주

성령님, 오늘은 어떤 넥타이를 맬까요?

있다. 성령의 음성을 듣지 못하니까 결국 다시 자기 의지로 사는 이전 생활로 돌아간다.

예수님은 마태복음 11장 12절 말씀에서 천국은 구하는 사람만이 갈 수 있다고 하신다. 성령의 음성을 들을 때까지 포기하지 말고 끝까지 인내하라. 노력하고 사모하는 자에게 성령의 음성이 들릴 것이다.

나는 10년 이상을 비가 오나 눈이 오나 영하의 날씨에도 매일 산에서 8시간을 기도했다. 그 결과 성령의 세밀한 음성을 듣게 되었다. 희생과 노력 없이 공짜로 받으려 하지 말라. 사모하는 마음으로 매 순간 그분에게 집중하라. 영이 항상 깨어서 성령의 인도함을 받으라.

내 마음

마태복음 5장 8절의 말씀에서 하나님을 본다는 의미는 하나님을 직접 눈으로 본다는 것이 아니다. 그것은 하나님을 보듯이 대화가 된다는 말이다. 하나님은 우리에게 지혜와 계시를 주신다. 나의 마음의 눈을 밝히셔서 당신의 부르심의 소망을 알려 주신다.

성령의 음성은 내 마음을 통해 들려온다. 그러나 아무에게나 성령의 음성이 들리는 것은 아니다. 마태복음 5장 8절의 말씀처럼 마음이 깨끗한 자에게 계시의 마음을 주신다. 하나님은 인격의 하나님이시다.

내 마음에 누구를 미워하고 증오하고 원망하는 분한 마음이 있으면 성령의 음성을 절대로 들을 수 없다.

조금 더 구체적으로 성경 말씀을 통해 성령님이 내 마음속에서 말하고 계심을 알아보자. 고린도전서 3장 16절의 말씀에서 성령은 내 안에, 즉 내 마음에 계신다. 이처럼 성경 여러 말씀에서 성령은 내 안에서 말씀하시는 분이라 확증하고 있다. 성부, 성자, 성령은 한 분이다. 성부 하나님은 천지를 창조하셨다. 성자 예수님은 하나님의 아들로 십자가에 못 박힘으로 인간의 죄를 속죄하셨다. 성령은 인간을 돕기 위해 하나님이 보내 주신 영이다. 모두 동일한 분으로 각각의 역할을 가지고 있다. 성령의 시대인 현재는 성부 하나님이 성령을 통해 내 안에서 말씀하고 계신다.

빌립보서 2장 13절 말씀에서 하나님은 우리가 하나님의 기쁘신 뜻을 이루기 원하신다. 이를 이루기 위해 성령은 내 마음속에 들어온다. 그리고 내 마음에 소원을 주신다. 여기서 반드시 분별해야 할 것이 있다. 인간 마음에는 두 가지 소원이 있다. 내 인간적인 욕심의 소원과 성령님이 주시는 소원이 있다. 본인의 축복을 위한 소원은 성령님이 주시는 소원이 아니다. 성령님이 주는 소원은 하나님을 기쁘게 하는 소원이다. 1장에서 영이 산 자는 하나님의 영혼의 인도를 받는다고 했다. 내 욕심의 소원과 성령이 주시는 소원을 잘 분별해야 한다. 그리고 성령이 주시는 소원에 순종해야 한다. 그래야 성령의 음성을 계속 들

성령님, 오늘은 어떤 넥타이를 맬까요?

을 수 있다. 소원을 잘 분별하지 못하면 내 개인적인 소원에 빠진다. 인격의 성령님은 우리의 불순종에 속상해 하며 나를 떠나실 수 있다.

나는 삼각산에서 십수 년 간 기도를 했다. 기도하면서 성령이 내 마음에 주시는 소원을 분별하는 많은 훈련을 받았다.

성남경찰서 앞에 동경다방이 있다. 다방에서 아는 분을 만나서 이야기를 하고 있었다. 옆에서 대화를 듣던 다방 주인이 내가 목사인 것을 안 모양이다. 우리 자리에 와서 나에게 어머니가 아픈 것을 하소연했다. 다방 주인의 엄마가 8년간을 눈 하나 까딱 못하고 똥오줌을 받아 내는 식물인간이다.

"목사님, 우리 엄마가 8년을 똥오줌을 받아 내고 있는데 어떻게 하면 좋을지 모르겠어요. 우리 엄마 좀 빨리 천국으로 가든지 고쳐 주든지 해야 되는데 의사도 못 고친다고 하니 어떻게 하면 좋죠?"

이야기를 들으면서 속으로 기도를 했다.

'아버지, 우금인라는 아주머니가 8년을 똥오줌을 받아 내고 드러누워 있답니다. 오래 누워 있다 보니 욕창도 생기고 딸이 저렇게 걱정하고 있네요. 아버지 이 일을 어떻게 하면 좋아요?'

아무 말도 하지 않았다. 그저 마음속으로만 기도를 하고 있었는데 마음에 감동이 온다.

'아들아, 열흘만 기도하거라.'

'왜 열흘씩이나 기도해요?'

'아버지, 저 바쁜데요. 예수님은 환자들이 예수님 옷자락만 닿아도 나았잖아요.'

순간 또 마음에서 성령의 감동이 온다.

'아들아! 저 딸이 죄가 뭔지, 성령이 뭔지 아무것도 모르지 않느냐. 그러니 말씀을 네가 열흘 동안 증거하다 보면 저 딸에게 기적이 일어난다.'

주인이 할 말을 다 끝낸 것 같아 물었다.

"그러면 집사님 어머니를 위해서 열흘간 기도해 보실래요?"

"그럴게요."

주인이 그렇게 하겠다고 했다.

첫날은 그분이 다니는 교회 목사님과 성도들 한 15명과 함께 그분 집에 갔다. 같이 가신 목사님은 총신대학교에서 영어를 가르치는 교수 목사님이다. 가서 보니 어머니가 정말 눈 하나 까딱 못하고 누워 있는 식물인간이다. 누워 있는 어머니를 앞에 두고 내가 기도를 했다.

"하나님, 예수님이 채찍에 맞음으로 나음을 얻었고 질병 하나 안 내린다고 하셨습니다. 우리에게 병이 왔더라도 반드시 그 원인을 알고 하나님의 뜻만 알면 하나님은 고쳐 주십니다. 예수님은 나면서부터 앉은뱅이를 고치지 않았습니까?"

첫날은 가만히 기도만 했다. 둘째 날은 가서 말씀을 증거했다. 말씀을 다 전하고 환자에게 손을 대고 기도했다. 나도 모르게 이런 기도가 나왔다.

"전신을 마비시켜 놓은 귀신아! 예수의 이름으로 명하노니 떠나갈지어다."

그런데 갑자기 어머니가 말을 하신다.

"아이고 드러워! 갈 거야."

8년 동안 눈 하나 까딱 못하고 말 한마디 못하던 환자가 자기 입으로 말을 했다.

"갈 거야!" 하고 소리를 질러서 다시 기도했다.

"예수 이름으로 명하노니 이 전신을 마비시켜 놓은 귀신아 저 태평양 고래 배 속으로 가!"

명령을 했더니 대답을 한다.

"안 가. 거기 깜깜해!"

"그럼 어디로 갈 거냐!"

"저 삼각산으로 갈 거야."

그 집 식구들은 삼각산이 어디 있는지도 모른다. 청와대 뒤에 있는 북한산이 삼각산이다. 그리로 가겠다는 것이다. 그곳에 밀알기도원이 있는데 옛날에는 무당들이 굿하는 본부였다.

"알았어. 그리로 가."

"갈 거야."

그리고 더 이상 말이 없다. 8년 만에 말을 한 사람이 이번에는 말을 안 하니까 정말 답답했다. 나간다고 해 놓고 계속해서 아무 말이 없다. 엿새가 지나고 칠 일이 되도 말이 없다. 답답한 마음에 삼각산에 올라가서 무당들 굿하는 바위에 올라가서 기도했다.

"아버지, 도대체 이 여자가 나간다고 해 놓고 나가지도 않고 기별도 없네요. 어떻게 된 거예요?"

기도를 하는데 환상을 보여 주셨다. 환상 중에 새카만 중들이 나한테 몰려 왔다. 놀라서 소리쳤다.

"예수 이름으로 물러갈지어다. 이 똥파리들아."

방언으로 기도하니까 중들이 막 쓰러진다. 계속 예수의 이름으로 기도를 했더니 다 쓰러졌다. 그러자 하나님의 음성이 들렸다.

"아들아! 오늘 팔 일째 되는 날 일어나리라."

귀신을 쫓거나 병을 고치는 것은 내 힘으로 되는 것이 아니다. 성령님이 알려 주셔야만 할 수 있다. 응답을 받고 삼각산에서 내려와 성남 경찰서 앞 다방에 갔다. 들어가자마자 다방 주인이 나를 보고 야단이다.

"아이고 목사님, 어제 우리 엄마가 난리가 났었어요?

"왜요? 무슨 일 있었어요."

"엄마가 아침에 나간다고 하더니 화장실에 똥물 있죠. 그 똥물을 한 바가지 떠다 주면 먹고 나간다는 거예요."

"엄마가 똥물 떠다 달라고 해서 안 된다고 했죠."

"잘 했어요. 어머니를 죽이려고 그런 거예요."

말을 다 듣고 다방 여자 어머니에게 가서 기도했다.

"우금인 씨, 오늘 나가지?" 하고 물었다.

"예" 하고 대답을 한다.

이제 내가 몸을 붙잡고 목사님이 어깨를 붙잡고 딸은 다리를 붙잡고 내가 기도했다.

"예수 이름으로 전신을 마비시켜 놓은 귀신아!"

"예수 이름으로 명하노니 떠나갈지어다."

"예수 이름으로 명하노니 일어날지어다." 하고 선포 기도를 했다.

갑자기 환자의 한쪽 다리가 위로 올라갔다. 딸이 "으악!" 하고 소리를 질러서 나도 깜짝 놀라 "주여!" 하고 소리쳤다. 그때 환자 몸에서 무당들이 굿할 때 쓰는 빨간, 노란 깃발 같은 것들이 쫙 나가는 것이다.

계속 기도하는 데 내 안에 성령님이 '예수 이름으로 일으키라.'는 마음을 주셨다. 그래서 소리쳤다.

"나사렛 예수 이름으로 일어날지어다."

일어났겠는가. 안 일어났겠는가. 내가 기도했는데도 신기했다. 어떻게 8년간을 똥오줌을 받아 내던 식물인간이 기도했다고 일어날 수 있겠는가. 우금인라는 아주머니가 벌떡 일어났다. 또 기도했다.

"나사렛 예수 이름으로 명하노니 일어나 걸을지어다."

그러자 아주머니가 10미터 정도를 탁탁탁 걸어갔다. 얼마나 멋있던지. 여러분도 그 장면을 상상해 보라. 그리고 이와 같은 체험을 해 보라. 진짜 예수 믿으면 이런 맛이 있어야 믿는 맛이 난다. 팔 년 동안 못 걷던 사람이 뒤뚱뒤뚱 걷는 모습을 보는데 눈물이 쏟아진다. 그곳에 모인 목사님과 딸들 모두 눈물바다가 되었다.

기도를 마치고 일어났다.

"목사님, 너무 너무 고맙습니다. 이거 얼마 안 되는데 차비하시고 식사하세요."

딸이 거듭 감사하다고 하고는 봉투를 하나 주었다. 지금은 이렇게 어마어마한 물질의 축복을 받았지만 그때는 정말 어려웠다. 내가 가진 전 재산이 200만 원이었다. 아내는 제대로 먹지 못해서 두 번이나 쓰러졌다. 애들에게 100원짜리 동전 하나 줄 돈이 없었다. 세상과 다 끊어 버리고 어렵게 살다가 그 집에서 봉투를 딱 받는 순간 너무 감사했다. 빨리 집에 가고 싶었다. 돼지고기 두 근 사다가 푹 삶아서 김치하고 싸서 아내하고 아이들 먹이고 나도 몇 점 먹을 생각을 하니 절로 기뻤다.

막상 눈앞에 돈이 든 봉투를 받아 보니까 '도대체 얼마를 넣었는지! 화장실가서 한번 세어 볼까 했다.' '아, 안 돼. 안 돼. 그러다 아버지한테 혼나. 그럼 손가락으로 한번 얼마 정도인가 만져 볼까? 안 돼. 안 돼.' 결국 얼마가 들어 있는지 확인을 못했다. 지금 생각해 보면 하나님 앞에 정말 순진했다. 봉투 안에 돈이 얼마나 들어 있는지 알지도 못

성령님, 오늘은 어떤 넥타이를 맬까요?

하고 성남시에서 버스를 타고 영등포로 갔다. 영등포에서 다시 버스를 타고 신길동으로 왔다.

집에 도착하니까 밤 12시가 넘었다. 주머니에 돈이 생기니까 마음이 든든했다. 집에 도착해서 당당한 목소리로 "여보 나왔어." 하고 방으로 들어갔다. 아내가 "들어와요 빨리." 하고 퉁명스럽게 대답을 했다. 속으로 '아니, 기분 잡치게 왜 저래?' 하고 문을 열고 들어갔다.

방에 들어갔더니 아이들 셋이 자고 있었다. 밤 12시가 넘어서 아이들이 다 자고 있는데 방 구석에 장 집사라는 분이 앉아 있다.

"할렐루야! 집사님 웬일이세요."

"너무나 답답해서 목사님 말씀에 은혜 좀 받으려고 염치불구하고 이렇게 왔어요."

밖에 나갔다 집에 들어왔으니까 기도를 해야 했다. 무릎을 꿇고 기도를 했다.

"아버지! 오늘 아버지 은혜로 성남시에 갔다 와서 우금인라는 앉은뱅이가 일어났네요. 아버지 너무나 감사합니다. 아버지, 모든 영광 받으세요."

기도를 마치려고 하는데 갑자기 내 마음에서 성령의 감동이 솟아오른다.

'아들아, 너 그 집에서 오늘 봉투 받았지?'

'네. 왜요?'

'그 봉투를 이 딸에게 주어라.'

돈을 주라는 말에 너무 놀랐다.

'이런 생각이 왜 오지. 물러가라. 물러가라. 하필이면 이 여자가 지금 나타나가지고. 아이고, 물러가라.'

봉투를 주라는 마음속 생각을 쫓았다. 그런데 물러가라고 하면 할수록 빨리 주라는 감동이 더한다. 감동을 견디기 어려워서 계속 '아이고, 물러가라.' 하고 감동을 쫓았다. 생각을 쫓는데 눈앞에 돼지고기 두 근이 왔다 갔다 해서 견딜 수가 없었다. 돈 받아서 끼니도 제대로 못 챙겨 먹은 가족들과 돼지고기를 두 근 사다 먹으려고 했는데 그 돈을 다른 사람에게 주라니 견딜 수가 없었다. 견디다 못해 '아이고, 알았어요. 이 여자가 하필 지금 와 가지고….' 하고 봉투를 꺼냈다. 지금도 봉투에 얼마가 들어 있었는지 모른다. 봉투를 드리며 말했다.

"집사님, 이 돈 얼마인지 모르겠는데 오늘 성남시에서 우금인라는 앉은뱅이 집에서 차비하고 식사하라고 봉투를 주었는데 이거 받으세요."

봉투를 드리자마자 그 집사님이 "주여~!" 하고 운다.

"아이고, 집사님 왜 그러세요?"

"목사님, 지금 남편이 바람을 피우고 여자에 미쳐서 집에 돈 한 푼 안 주고 쌀이 떨어져서 애들 셋을 밥도 못해 주었어요. 속상한 마음에 교회 가서 기도하는데 전도사가 내 기도 소리가 시끄러워서 기도를 못

성령님, 오늘은 어떤 넥타이를 맬까요?

하겠다고 울지 좀 말래요. 그래서 산에 올라가서 기도하려고 했더니 차비가 없어서 산에도 못 갔어요. 그런데 어떻게 그런 제 사정을 아시고 봉투를 주세요."

내 이마가 벗겨진 것을 보면 알겠지만 내가 남에게 돈을 주게 생겼는가. 하나님이 주라고 하니까 순종하고 드렸다. 봉투를 받은 집사님이 막 우니까 아내도 울고 나도 울었다. 아이들도 자다 말고 다 일어나서 우는데 밤 12시에 방안에서 부흥회가 일어났다. 세상에 나만 어려운 줄 알았더니 나보다 더 어려운 분들도 많았다. 내가 봉투를 건네주고 집사님이 갔다. 다음날 아침이 되었는데 왜 그렇게 마음이 섭섭한지….

'저 여자만 안 왔더라도 돼지고기 사다가 새끼들하고 아내하고 다 맛있게 먹었을 텐데. 아이고, 그걸 뺏으러 왔나. 에휴.' 하는 생각이 들었다. 마음을 섭고 아직도 기도가 이틀 남아서 주일 되는 날 그 집에 다시 갔다. 집에 갔더니 주인이 "목사님! 너무 너무 고맙습니다." 하고 연신 인사를 했다.

"무슨 말씀이세요. 제가 했나요. 다 주님이 고치셨죠. 이제 남은 생애 아버지 앞에 영광 돌리며 사세요."

"오늘 새벽 기도를 가서 하나님께 기도를 했어요. '하나님, 우리 엄마 의술로도 못 고치는 병이 아닙니까. 그런데 설진국 목사님이 금식 기도하면서 우리 엄마가 일어났어요.' 너무 감사해서 기도를 하는데 마음에서 이런 생각이 들었어요. '내 딸아, 너희 한 달 생활비를 주의 종에게 감사드려라.'"

그분은 빌딩도 있고, 다방도 하는 부자였다. 전날은 경황이 없어서 그냥 있는 대로만 준 것 같았는데 그날은 두툼한 봉투를 준다. 내가 받았겠는가. 안 받았겠는가. '하늘엔 영광 땅에는 평화요!' 하고 받았다. 그날 집에 와서 돼지고기가 아니라 소고기 국에다가 소고기 장조림, 아예 소고기 파티를 했다. 그래도 돈이 남았다.

신명기 8장 1-2절의 말씀처럼 하나님은 복을 주시기 전에 내 마음이 어떤지 시험하신다. 하나님이 돼지고기 두 근 사다가 아내와 자식들과 먹으려는 돈을 지금 형편이 어려워 힘들어 하는 집사에게 주라는 마음을 주셨다. 그리고 내가 지키나 안 지키나 시험해 보신 것이다.

신명기 8장 16절의 말씀에서도 하나님은 인간을 시험하신다고 한다. 이 시험은 나쁜 시험이 아니다. 내가 남 앞에서 낮아짐으로 복을 받을 만한가를 알아보기 위한 시험이다. 이 시험을 통과하면 하나님이 조상도 알지 못하는 만나를 주신다. 본인의 희생과 아무 노력 없이 공짜로 받으려는 생각을 버려야 한다. 성경 어디에도 그냥 준다는 것이 없다. 목사, 성도 모두 시험을 통과하는 자가 복을 받는다. 내가 이렇게 어마어마한 물질의 복을 받은 것도 하나님이 내가 옥합을 깨트리나 시험 해 보시고 내가 옥합을 깨트리니까 복을 주신 것이다. 반드시 내

성령님, 오늘은 어떤 넥타이를 맬까요?

마음속에 감동이 올 때마다 순종해야 한다.

하루는 천호동 산 속에 있는 기도원에 갔다. 그곳에서 밤 12시마다 부흥회를 한다. 그때는 한참 신학 공부를 할 때라 수입이 없어서 이전보다도 더 어려웠다. 다행히 외국에서 벌어온 돈이 조금 있어서 그 돈으로 생활을 했다. 나는 신학 공부를 하고 아내는 아이가 셋이니까 집에서 애를 돌보느라 일을 할 수가 없었다. 어디도 돈이 들어올 만한 곳이 없었다. 그래도 생활은 해야 하니 외국에서 벌어 온 돈을 곶감 빼먹듯이 빼먹다가 이제 돈이 얼마 남지 않았다. 가족 중에 도움 받을 사람이 없으니 의지할 곳은 오직 하나님 한 분뿐이었다. 천호동 산에 올라 갔더니 밤 12시에 부흥회를 했다. 그런데 기도원 화장실이 제대로 된 것이 하나도 없다. 화장실을 양철로 만들었는데 볼일을 보기 위해 앉으면 옆 사람 머리가 보인다. 강사님이 설교를 하다 중간에 화장실 이야기를 꺼내셨다.

"성도님들 전 화장실 가기가 무섭습니다. 화장실에서 볼일 보다가 비라도 내리면 휴지에 물이 묻어서 물 묻은 휴지로 그냥 닦아야 합니다. 그래서 화장실에 가면 늘 불안합니다. 우리 아버지 집인 기도원에 화장실 뚜껑 헌금 좀 합시다."

나는 집회나 기도원에 가면 헌금하라는 감동이 샘 솟아서 기도원이나 집회 갈 때 반지와 시계를 다 빼고 간다. 내 머리가 벗겨진 것을 보면 알겠지만 잔머리 하나는 정말 잘 굴린다. 그날도 시계, 반지 다 빼고 차비 얼마, 밥 사 먹을 돈 얼마, 감동받으면 헌금 할 돈 얼마 다 계산을 해서 필요한 돈만 챙겨 갔다. 준비를 철저히 하고 기도원에 갔는데 차들이 얼마나 많이 올라오는지 모른다. 속으로 '야, 진짜 부자들 많이 오는구나. 많이 왔어.' 하고 기도원에 들어와서 목사님 설교 말씀을 들었다. 말씀을 듣고 기도하는데 방금 전에 화장실 헌금을 하자고 하던 목사님이 이번에는 "누구든지 감동이 오신 분은 하세요. 그러면 목사가 축복 안수를 해 주겠습니다." 하신다. 나는 속으로 기도했다.

'아버지, 전 아시다시피 나이 먹어서 신학 공부를 하고 형편이 어려워서 돈도 없고 다 털어 봐도 나올 것이 없습니다. 여기 부자들이 많이 왔으니 저들의 마음을 감동을 주시고 그들을 통해 이번에 기도원 화장실 헌금이 나올 줄 믿습니다.'

원래 내 목소리가 큰데다 그날은 부자들의 마음을 감동시켜 달라고 더 크게 "주여~, 주여~." 하고 통성으로 기도했다.

갑자기 마음속에 감동이 온다.

'네가 해라.'

너무 당황해서 기도를 했다.

'아버지! 저는 다 퍼 주고 없습니다.'

그랬더니 성령님이 또 감동을 주신다.

'아들아, 집에 통장이 있지 않느냐.'

깜짝 놀라서 "물러가라. 물러가라." 하고 기도를 했다. 물러가라고

성령님, 오늘은 어떤 넥타이를 맬까요?

계속 기도를 해도 그 생각을 도저히 떨쳐 버릴 수가 없다. 이 감동에서 빠져나갈 좋은 방법이 갑자기 떠올랐다.

'그러면 주님 좋습니다. 나는 바치고 싶은데 나하고 같이 사는 아내가 한마디만 안 된다고 하면 응답 받은 것을 안 바치겠습니다.' 하고 기도를 드렸다. 성령님도 그러라고 하신다.

다음날 저녁 8시에 아내가 올라 왔다. 아내를 보고 일부러 들으라고 한숨을 크게 내쉬었다. 아내가 궁금해서 묻는다.

"왜 한숨을 쉬세요?"

"엄마도 하나도 안 도와주고 집에 돈도 얼마 안 남았지?"

"다 쓰고 얼마 안 남았어요."

"아휴~, 그 돈 다 떨어지면 우리 다섯 식구 손가락 빨아야 하는데 아휴~, 어떻게 하면 좋아?"

"왜 그래요. 왜 이렇게 한숨을 쉬세요. 김빠지게요."

"사실은 이 기도원 화장실에 뚜껑이 없잖아. 그런데 강사님이 갑자기 오늘 낮에 뚜껑 헌금을 하자는 거야. 잘사는 사람이 많이 참석한 것 같아서 형편 좋은 사람들이 헌금하게 해 달라고 기도를 했어. 그런데 갑자기 마음속에 내가 하라는 마음이 오잖아. 당신도 알다시피 우리 형편에 헌금할 돈이 어디 있어. '물러가라. 물러가라.' 했더니 집에 있는 통장이 왔다 갔다 거리네. 여보, 그거 바치면 우리 다섯 식구 손가락만 빨아야 하는데 어떻게 해? 바치지 말까?"

일부러 바칠 수 없는 상황을 장황하게 설명을 했다. 그러면 아내도 우리 형편을 잘 알고 있으니 다음에 사정이 좋아지면 하자고 말할 줄 알았다.

"여보! 당신 목사 될 사람 맞아요. 걱정하지 말아요. 내가 내일 다 찾아올게요."

"이게 정신이 있어? 너 손가락 빨래? 말 한마디만 아니라고 당신이 말하면 내가 안 바치려고 했단 말이야 진짜."

"걱정하지 말아요. 내가 다 찾아올게요! 무엇을 먹을까 입을까 염려 하지 말라잖아요. 들에 나는 새를 보세요. 하나님이 계시는데 왜 걱정 을 해요."

"그래도 그렇지. 이제 돈 나올 데가 없잖아"

"걱정하지 마세요. 내가 다 찾아올게요."

아내가 눈을 번쩍거리면서 대답을 하는데 그때는 아내가 정말 무서 웠다. 순간 이런 막무가내의 여자와 결혼한 것이 정말 후회스러웠다.

'내가 어쩌다 저런 걸 만났나. 그 여우같은 걸 만났어야 되는데. 이 런 미련한 여자를 만나서….'

아내가 기도원을 내려가서 통장에 있는 돈을 다 찾아왔다. 이제 더 이상 어떻게 할 방법이 없었다. 결국 하나님이 마음에 감동 주신 대로 헌금을 하고 집회에 참석했다. 우리가 헌금한 돈이면 아마 화장실을 콘크리트로 다 짓고도 남을 돈이었을 것이다. 집회 내내 앞으로 손가락 빨 생각을 하니까 하늘이 노랗게 보였다. 아들도 어리고 큰 딸은 이제 여섯 살인데 아직 초등학교도 가지 않은 세 명의 어린 것들을 생각하니 하늘이 노랄 수밖에 없다.

'내가 어쩌다 저런 아내를 만나서 한마디만 안 한다고 하면 안 바칠 텐데. 에이, 이제 할 수 없지. 기왕 바친 거니까 감사한 마음으로 넘어가야지.'

강대상에 목사님이 올라오셨다.

"여기 설진국, 문정임이 누구세요?"

뒤에서 우리가 대답을 했더니 강대상 앞으로 올라오라고 하신다. 빨간 카페트가 깔려 있는 강대상 위로 올라갔다. 그 많은 성도들 가운데 화장실 뚜껑 헌금을 한 사람은 우리 부부밖에 없었다. 목사님이 우리가 낸 헌금 봉투를 올려놓더니 앉으라고 하시는 것이다. 지금은 머리가 거의 없는데 그때도 머리가 조금 벗겨져 있었다. 앉으라 하시더니 목사님이 머리에 안수하시면서 기도를 하신다.

"아버지, 이렇게 늦은 나이에 신학하는 전도사님 부부가 옥합을 깨트려서 다 바쳤습니다. 아버지 받으세요."

목사님이 기도하는 데 목소리가 떨렸다. 기도하시던 목사님이 우시는 것이다. 목사님이 감동을 받았나 보다. 부자들은 십 원 한 푼 내지 않았는데 형편이 어려운 게 뻔히 보이는 전도사 부부가 기도원을 위해 옥합을 드리니까 목사님이 우시면서 기도하셨다.

"아버지, 이 종이 앞으로 목회하는데 일평생을 물질이 마르지 않도록 물질의 복을 주세요."

그때 나에게 영의 음성이 들렸다.

"내 아들아! 내가 네 옥합을 받았느니라. 네가 이 땅에 사는 날 동안에 물질이 마르지 아니하리라."

나와 아내 동시에 그 음성을 들었다. 그래서 '아멘' 하고 받았다. 목사님이 눈물을 흘리면서 기도하는데 그 눈물이 내 손등에 떨어졌다. 손등에 떨어진 눈물이 너무 뜨거웠다. 목사님은 그리스도를 대신하는 사신인데 그분이 우리 부부를 위해 눈물 흘리시는 것이다. 목사님이 기도를 끝내시더니 성도들 앞에서 선포를 하셨다.

"설진국 씨, 문정임 씨, 내가 일 년 간을 당신 부부를 위해서 기도해 주겠습니다."

나는 그분 이름도 모르고 그 이후로 만나 본 적도 없다. 성도들 앞에서 목사님이 선포하셨으니 진실하신 분이라면 약속대로 우리 부부를 위해 일 년을 기도하셨을 것이다. 그 이후로 하나님 앞에 지금까지 내 사전에 물질이 마른 역사가 없다. 진짜 마음만 먹어도 하나님이 다 주셨다.

하나님이 성령을 통해 내 마음에 감동을 주셔서 나를 시험해 보시고, 내가 그 시험을 통과하니까 더 많은 성령의 음성을 들려주셨다.

하나님의 음성은 제일 먼저 내 마음의 감동을 통해서 들려온다고 했다. 그러므로 하나님의 음성을 듣고 싶으면 반드시 내 마음이 깨끗해야 한다.

공중 권세를 잡은 마귀도 가만히 있지 않는다. 어떻게든 사람들이 성령의 은혜를 받지 못하게 하려고 혈안이 되어 있다. 마귀도 성령과 같이 마음속으로 들어와서 응답을 준다. 하나님의 응답과 마귀 응답은 1초-2초 사이에 왔다 갔다 한다.

기도할 때 첫 번째는 주님의 응답이 온다. 두 번째는 사람의 혼의 생각이 온다. 혼의 생각이 오면 처음 마음속에 왔던 성령의 감동이 내 생각인지 또는 '내가 잘못 받았나?' 하는 의심이 든다. 그때 사탄의 미혹에 빠져서 하나님이 주는 첫 번째 응답을 버리고 '아니야, 아니야, 잘못 받았나 봐.' 하면 바로 마귀한테 넘어가는 것이다. 기도할 때 처음에 나도 모르게 어떤 마음이 들 때 그 마음에 바로 순종하라.

가만히 있는데 '내 딸아, 너 이번에 물질로 선교를 해라.' 하는 마음이 오는데 '물러가라. 물러가라.' 하면 안 된다. 아버지는 시험을 통해 나의 마음을 달아 보신다. 성령이 나에게 주셨던 마음과 그에 대한 체험만 가지고도 책을 몇 권 쓸 수 있을 것이다.

나는 딸 둘에 아들 하나가 있다. 일본에 사는 둘째 동생은 딸만 셋이다. 셋째 동생도 딸만 둘이다. 우리 집안은 그냥 '딸'만 낳다가 큰 아들인 내가 아들을 낳았다. 집안의 유일한 아들이니 얼마나 귀하겠는가. 정말 눈에 넣어도 아깝지 않은 아들이다. 아들을 낳아서 얼마나 좋은지 매일 그 녀석하고 레슬링하고 팔씨름하면서 집에서 같이 노는데 시간 가는 줄 몰랐다. 하나님이 '기도해라.'라는 마음을 주셔도 '에이 아버지, 매일 기도만 해요? 초막이나 궁궐이나 내 주님 계신 곳이 다 하늘나라죠.' 하고 기도를 한동안 하지 않았다. 그런데 자꾸 마음에 성령의 지시가 온다.

'너 이러면 혼난다. 혼난다.'

그러던 어느 날 저녁을 먹고 잘 놀던 아이가 갑자기 픽 쓰러졌다. 애가 숨을 안 쉬는 것 같아 바로 대림동 성심병원에 갔다. 급한 마음에 아들을 들고 맨발로 뛰었다. 너무 빨리 뛰어서 아내는 따라오지도 못했다. 병원 응급실에 가서 애가 숨을 안 쉰다고 하니까 의사들이 뛰어나오더니 눈을 뒤집어 까고 온몸을 만졌다. 온몸을 만져 본 후 의사가 말했다.

"아버님, 이미 숨이 끊어졌습니다."

생각해 보라. 방금 저기 앉아서 나하고 같이 놀던 녀석이 갑자기 죽었다고 한다. 몸이 부들부들 떨려서 다리가 떨어지지 않았다. "아버지~, 아버지~" 하고 막 울면서 맨발로 도로 위를 걸어갔다. 8차선 도로 위를 차가 와도 걸어갔다. 근처에 강림약방이라고 장로님이 하시는 약국이 있다. 문을 두드렸더니 장로님이 나오셨다.

"장로님, 우리 애 좀 보세요. 애가 죽었다는데 이게 어떻게 된 겁니까?"

성령님, 오늘은 어떤 넥타이를 맬까요?

장로님이 눈을 뒤집어 까 보았다. 왜들 그렇게 아이의 눈들을 뒤집어 까는지. 한동안 아이를 보시더니 "아이고! 전도사님 이미 애 죽었습니다."

장로님마저 죽었다고 하니 어떻게 할 수가 없었다.

근처에 대림한의원이라고 큰 한의원이 있다. 지금은 교회 짓느라 없어졌는데 그 한의원에 가서 문을 두드리면서 누구든 빨리 나오라고 소리를 쳤다. 12시가 지났으니 원장님이 자다 말고 나왔다. 애가 죽었다니까 원장이 옷을 입고 간호사가 뛰어 나왔다. 원장이 전신을 한참 동안 진맥을 했다.

"이미 애가 죽은지가 오래 되었네요. 데려가세요."

이제는 나도 기진맥진이다. 아이를 앉고 나온 지가 벌써 1시간 반이 넘었다. 길바닥을 헤매면서 죽은 아들을 데리고 걸어오는데 내 눈에 '태양의 집'이 보인다. 1킬로미터가 넘는 거리인데 나도 모르게 죽은 아들을 데리고 걸어서 그곳을 향해 갔다. 순간 무엇인가가 깨달아진다.

'하나님이 허락치 않으시면 새 한 마리도 떨어져 죽지 않는다고 하셨는데 내가 아들이 우상이 되었구나. 그렇게 성령님이 기도하라는 마음을 주시고 심방가라, 산 올라가라고 마음을 주셔도 매일 아들하고 노느라 정신이 없었구나.'

그제야 아이가 죽은 이유를 깨달았다.

'아버지, 제가 그래서 그랬군요. 아버지 감사합니다. 아버지 뜻이라면 데려가세요. 이미 제가 아비 될 자격이 없네요. 우리 아들 천국에서 아브라함 품에서 키워 주세요.'

죽은 아들을 들어 올렸다.

'그러나 아버지는 죽은 나사로를 살리셨잖아요. 한 번만 이 아들을 살려 주시면 다시는 아들을 우상 삼지 않겠습니다. 하지만 아버지 뜻이라면 데려 가세요.'

아들이 죽은 이유를 깨닫고 나니까 다리에 힘이 쫙 빠진다. 우리 아내는 그때까지도 못 따라왔다. 울면서 미친 여자처럼 "으아아~." 하고 소리치고 있었다.

아내가 하도 딸만 낳으니까 또 딸 낳으면 이혼한다고 엄포를 놓은 적이 있었다. 아내가 모진 핍박을 참고 결국 아들을 낳았는데 그 아들이 죽었으니 얼마나 내 마음이 아팠겠는가. 내가 아들이 하나만 더 있어도 아내에게 그렇게까지 심한 말을 하지 않았을 것이다. 첫째도 딸, 둘째도 딸을 낳고 내가 얼마나 서럽게 울었는지 모른다. 너무 속상해서 울면서 죽으라고 둘째 딸을 엎어 버렸다. 죽은 아들은 그렇게 어렵게 얻은 아들로 무엇과도 바꿀 수 없는 소중한 존재였다.

'태양의 집'을 향해 가는 동안 이제는 모든 것을 받아들였다. 마음을 정리하면서 '화장을 하든지 가서 땅속에 묻든지 하자. 할 수 없지 뭐.' 하고 아들을 들고 체념하면서 집으로 향했다.

성령님, 오늘은 어떤 넥타이를 맬까요?

시간을 보니까 새벽 1시가 다 되었다. 숨을 쉬지 않는 아들을 안고 나온지 벌써 두 시간이 지났다. 모든 것을 포기 하고 집으로 가고 있는데 '태양의 집' 근처에 새벽인데도 병원 문이 열린 곳이 있었다. 자세히 보니 산부인과였다. 아마 새벽에 분만하는 산모가 있어서 문을 연 것 같았다. 마지막으로 한번 산부인과나 가 보자 하는 마음으로 들어갔다.

"여보세요." 하고 들어갔다.

"무슨 일로 오셨어요?" 하고 묻는다.

죽은 아들을 의사에게 보여 주었다. 의사가 아이 눈을 뒤집어 까 보고는 "이런, 아이가 급체로 죽었네요."라고 한다. 급체로 죽었다니 너무 황당했다. 애가 저녁에 아무것도 안 먹었는데 급체로 죽었다니 말이 되는가. 마음속으로 '아이고! 주여.' 하면서 의사에게 "그럼 어떻게 해요?"하고 물었다.

"여긴 아무것도 해 줄 것이 없으니까 주사나 한 대 맞고 가세요."

의사가 죽은 아이 엉덩이에 주사를 놔 주었다. 아이가 죽은 것을 아니 돈도 안 받고 그냥 가라고 했다. 죽은 아들을 다시 데리고 나왔다.

"에휴, 가자! 지금 갔다 묻든지 화장을 하든지 해야지." 80미터 정도를 죽은 아들을 들고 걸어갔다. 걸어가는 동안 아내는 "어이~, 어이~" 하고 우는데 갑자기 아이가 "아빠, 배고파. 밥 줘." 하는 것이다. 방금 전까지 의사, 약사, 한의사, 산부인과 의사들이 다 죽었다고 했던 아들이 마치 산 사람처럼 말을 했다.

찬송가에 이런 가사가 있다.

"지금까지 살아온 것 주의 크신 은혜라."

맞는 말이다. 우리가 지금은 살아 있지만 우리가 산 것이 아니다. 다 하나님의 은혜로 살고 있는 것이다. 살아 있는 것 자체가 하나님의 은혜인 것이다.

아이가 깨어나서 배가 고프다고 해서 밥을 먹이고 지금까지 건강하게 잘 살고 있다. 그리고 지금은 목사가 되었다. 하나님은 내 마음에 항상 계신다. 하나님보다 더 사랑하는 것이 있으면 안 된다.

나는 하나님 앞에서는 부들부들 떨면서 산다. 한참 세상에서 사고 칠 때 서대문 교도소에서 물 뿌린 곡괭이로 맞은 적이 있다. 매를 맞으면서도 맞는 것쯤이야 하고 눈 하나 꿈쩍 안 한 독한 놈이다. 하지만 나는 하나님이 너무 무섭다. 내가 조금만 잘못해도 자식을 쳐 버리신다. 지금은 자식이 장성해서 목회자가 되었지만 혹시라도 내가 하나님 앞에서 잘못하면 손자, 손녀들을 쳐 버릴까 두렵다.

이처럼 하나님의 음성은 내 마음을 통해 들려온다. 내 마음에 하나님 외에 다른 것을 더 사랑하거나 누구를 미워하고 증오하는 마음이 있으면 절대로 성령의 음성이 들려오지 않는다. 오히려 사탄의 음성이 들려온다. 에베소서 4장 26절의 말씀처럼 누구에게 분한 마음이 있어도 죄를 짓지 말고, 해가 지기 전에 분을 풀어 버려라. 그래야만 성령

성령님, 오늘은 어떤 넥타이를 맬까요?

의 음성을 들을 수 있다.

나의 생각

두 번째로 성령의 음성은 우리의 생각을 통해서 들려온다. 요한복음 14장 26절 말씀처럼 하나님께서 나를 위해 보내신 성령이 나의 생각을 통해서 역사하신다. 예를 들어서 목사가 강대상에서 성도들에게 권면을 한다.

"성도님들, 우리 선교 좀 합시다. 이번에 목사하고 8명이 중국에 들어갑니다. 또 중국에서 책을 만들어 달라고 합니다. 그러니 마음에 감동이 오신 분은 이번에 헌금 좀 합시다."

권면을 받고 시간이 얼마 지나서 본인이 기도를 하는데 갑자기 생각이 떠오른다.

'너 목사님이 강대상에서 말했잖니. 이번에 중국에 선교 가는데 교통비로 얼마 좀 해라.'

이 생각은 누가 주시는 것인가? 요한복음 14장 26절 말씀처럼 성령이 내게 주시는 생각이다. 그런데 우리가 그럴 때마다 '물러가라. 물러가라. 살기도 바쁜데 물러가라. 물러가라.' 하면서 그 생각을 쫓아버린다. 그래서 복을 받지 못하는 것이다.

강원도 원주, 치악산 밑에 있는 수양관에서 하는 부흥회를 갔을 때의 일이다. 박 목사님이 운영하는 수양관이다. 수양관에서 부흥회 광고를 국민일보 하단에 컬러로 냈는데 광고료가 380만 원이다. 큰돈을 들여 신문 광고를 냈는데도 부흥회에 온 사람이 적었다. 40-50명 모이면 많이 모이는 것이다. 원장님이 속상한 마음에 강사로 온 나에게 하소연을 했다.

"목사님, 괜히 신문에 광고를 낸 것 같아요."

"왜 그러세요?" 하고 물었다.

"헌금도 만 원, 오천 원 나오고 시골 노인은 천 원짜리도 나오고…. 광고비 380만 원 내야지, 호텔비 내야지, 목사님 강사비 내야지 어떻게 해요?"

"목사님 이제 집회 시작했으니 걱정하지 말고 기도합시다. 아버지가 어련히 주는 대로 하면 되는 것이지 왜 걱정을 하십니까?"

목사님이 계속 걱정을 하신다. 하도 걱정을 해서 위로를 했다. 낮 설교 시간에 부흥회 오신 분들에게 말을 꺼냈다. 그날은 제천, 신림, 면목 등 시골 각처에서 오셔서 60명 정도가 모였다.

"수양관 원장님이 부흥회 신문 광고비 380만 원 때문에 이렇게 걱정 근심을 하고 있습니다. 목사님들 강사비, 호텔비도 걱정을 하는데 누구든지 마음에 감동이 오거나 성령님의 지시가 올 때는 이번에 작정하세요. 그러면 제가 개별적으로 축복 안수를 해 주겠습니다."

성령님, 오늘은 어떤 넥타이를 맬까요?

그 말을 하고 집회를 마쳤다. 집회 때 마흔 대 여섯 살 정도 되시는 곽 집사라는 여자 분이 있었다. 이 집사가 집회를 마치고 산에 올라가서 기도를 했다. 치악산 밑에 올라가서 "아버지~" 하고 방언 기도를 했다. 기도하는데 갑자기 오늘 낮에 설교한 내용이 딱 떠오르면서 '네가 신문비, 호텔비, 사례비를 해야 한다.'는 생각이 떠올랐다. 속으로 '물러가라. 물러가라. 내가 지금 빚이 많아서 이자도 못 주고 있는데 아버지 어떻게 그 돈을 해요. 사탄아 물러가라.' 그랬는데 또 생각이 떠오른다.

'너 여태까지 나를 위해서 빚을 졌느냐? 전부 네 멋대로 네 맘대로 살다 보니까 빚을 졌지 않느냐.'

그래서 기도했다.

"주님, 난 돈 빌릴 곳도 이제 없습니다. 이자도 못 주고 있어요."

갑자기 생각이 또 떠오른다.

'너 카드 있지 않느냐.'

이 집사님이 계속 형편이 어려운 핑계를 댔다.

"아유, 아버지 남편 방앗간도 장사가 안 된단 말이에요. 지금 방앗간도 놀고 있는데 어떻게 그 큰돈을 해요."

'네가 믿으면 해라.'

그렇게 기도를 마쳤다. 결국 이 집사님이 원주에서 카드로 여기저기서 돈을 찾아서 오후 5시쯤에 수양관 박 목사에게 올라왔다. 박 목사가 나에게 전화를 했다.

"설 목사님, 빨리 좀 올라오세요. 여기 곽 집사가 호텔비, 신문광고비, 사례비 다 가져왔어요."

금방까지만 해도 세상 근심 걱정 다 진 것처럼 걱정하시던 원장님이 기분이 좋아지셨다. 전화를 받고 원장실로 올라갔다.

"역시 영권 받은 목사님이시고 물권 받은 목사님이시네요."

헌금하신 집사님에게 "아이고, 집사님 왜 이렇게 많은 돈을 하셨어요?" 하고 물으니까 전후 이야기를 꺼냈다.

"목사님 저는 원주에 한 3,000명 되는 교회에 나가는데, 사실 제가 술도 먹고, 담배도 피고, 남편과 사이도 좋지 않았어요. 그런데 이번 집회에서 영적 세계에 대해 처음 들었습니다. 방언의 세계도 처음 들었어요. 그래서 치악산 밑에 올라가서 기도를 하는데 갑자기 오늘 낮 예배 때 목사님 말씀이 떠올랐어요. 그리고 '네가 신문광고비, 호텔비, 사례비를 하라.'는 감동이 와서 카드로 돈을 다 빼서 헌금을 했어요."

남편은 뭐하냐고 물었더니 방앗간을 한다고 했다. 기도를 해 달라고 해서 기도해 주었다.

"하나님 아시죠? 이 곽 집사님 이렇게 카드로 많은 돈을 하나님께 드렸으니 아버지 하늘 문을 여세요. 하나님! 이사야 22장 22절에 하나님이 하늘 문을 열면 닫을 사람이 없고 닫으면 열 사람이 없다 하신 아버지. 오늘 축복의 문을 열어 주세요."

방언으로 기도를 하는데 성령님이 어떤 감동을 주신다.

"집사님, 저는 오늘 집회를 마치고 가는데 집사님 이번에 내려가거든 새벽 기도마치고 한 시간 이상 방언 기도를 하세요. 방언 기도하다가 아버지가 어떤 영감이 올 때 그때 '아멘' 하고 응답을 받으세요. 반드시 새벽 기도 마치고 본 교회에서 또는 기도원에 가서 한 시간씩 방언 기도하세요. 그리고 아버지가 어떤 영감 주시면 그때 아멘 하세요." 하고 강조해서 말했다.

나는 집으로 왔다. 집에 와서 아무 소식이 없었는데 열흘 정도 지나니까 박 목사에게서 전화가 왔다.

"곽 집사 신랑이 목사님 좀 만나고 싶답니다."

순간 겁이 났다.

"부인이 카드 빚진 것 때문에 날 해코지하려고 그래요? 왜 그래요?"

"아니요, 그 남편이 설 목사님을 꼭 만나고 싶어 합니다."

"아니 왜 그러냐고요?"

계속 물으니까 원장이 상황을 설명해 주었다. 헌금했던 곽 집사님 남편이 원주에서 지금 갈퀴로 돈을 긁어모으고 있다는 것이다.

"아니 뭘 하길래요?"

"목사님 글쎄 한번 와 보세요. 지금 원주에서 돈을 갈퀴로 긁어모은다니까요. 곽 집사가."

금요예배를 마치고 토요일에 원주에 가서 그 남편을 만났다. 만나 보니 그 남편도 이마가 벗겨졌는데 나를 보자 먼저 인사를 한다.

"목사님 저는 집사인데요. 진짜 우리 부부는 날마다 싸움질만 했습니다. 그런데 우리 아내가 목사님이 치악산 밑에 수양관에서 집회할 때 갔다 오더니 완전히 변했습니다. 새벽마다 1시간씩 기도하더니 하루는 부인이 아버지가 그랬다고 하면서 이런 말을 했습니다. 여보, 당신 '아멘' 해. 하나님이 당신을 통해서 하늘 문을 열어 주신다고 그러셨어. 저는 아무것도 모르고 '아멘'을 했습니다."

어느 날 방앗간이 장사가 하도 안 되서 우두커니 방앗간에 앉아 있는데 한 오십 대 여섯 살 먹은 여자가 들어왔다.

"아니, 여기 왜 방앗간을 놀리고 있어요?"

"저는 중국 청도에서 무역하는 보따리 장사인데 중국에서 물건을 가져와서 이곳에서 팔고 있어요."

그분이 계속해서 말을 걸었다.

"아니, 왜 이렇게 놀아요. 지금 중국에서 농산물이 싸게 들어오는데 그걸 가지고 들어와서 여기서 포장해서 팔면 돈을 많이 벌 수 있어요."

"그러면 좋겠는데 저는 돈도 없고, 아는 사람도 없고, 아무것도 없어요."

"걱정하지 마세요. 저희 집안이 무역을 해요. 우선 물건을 보낼 테니 판 다음에 돈을 주세요."

생각해 보라. 안면이 전혀 없는 사람이 찾아와서 싫다는 사람에게 자기가 돈 다 댈 테니 같이 사업을 하자고 하고, 정말로 돈 한 푼 받지 않고 물건을 먼저 주는 사람이 어디 있겠는가. 우리가 아무리 몸부림 친다고 되는 것이 아니다. 하나님이 등 뒤에서 밀어주셔야 사업도 된다.

곽 집사 남편이 그냥 흘러가는 말로 들었는데 얼마 있으니까 콘테이너 박스로 깨, 고춧가루, 들깨가 어마어마하게 들어왔다. 부부가 중국에서 들어 온 고춧가루, 깨 이런 것들을 빻아서 포장을 한 다음에 판매를 하는데 진짜 돈을 갈퀴로 긁어모았다. 그러면서 남편이 나에게 봉투를 주는 것이다.

"목사님! 너무 너무 감사합니다. 목사님 집회를 참석해서 우리가 이렇게 축복 받았네요."

강원도 횡성에 보약을 잘 짓는 집이 있다고 그분이 거기서 보약을 두 번 지어 오고, 우리 교회에 떡도 많이 보내 주었다. 그 다음부터 내가 그곳에 갈 때마다 부부가 내 사례비를 주었다. 부부가 김 목사님이 운영하는 수양관 동네에 별장을 크게 지었다. 그리고 그곳에 오시는 목사님들마다 사례비를 다 드렸다. 정말 하나님이 하늘 문을 여시면 닫을 자가 없다는 말이 딱 그분한테 해당이 되었다.

우리가 어디 기도원이나 수양관에 가서 목사가 "당신 얼마 헌금해. 그러면 이번에 사업이 열려져."라고 하는 말에 넘어가지 말라. 내 마음에 확신이 오면 하고 그렇지 않으면 절대 하지 말라. 내 마음에 확신도 없는데 남이 하라고 해서 헌금했다가 시험에 든다.

내 안에서 성령의 지시가 오거나 확신이 오면 순종하고 그렇지 않으면 억지로 하지 말기를 바란다. 성령의 지시와 상관없이 남의 말만 듣고 헌금하니까 가정이 시험에 들고 부부가 싸워서 가정이 깨진다. 내게 생각을 주시는 성령님에게만 순종을 해야 한다.

중국에 선교하기 위해서 책을 7-8천 권을 만들었다. 중국에서는 함부로 기독교 서적을 만들 수가 없다. 위험을 무릅쓰고 중국 선교를 위해 중국어로 번역한 책을 만들었다. 책을 다 준비하고 중국에 들어갈 날을 기다리고 있는데 부목사가 대만에서 온 중국 책 몇 권을 더 번역해야 한다고 가져왔다. 다음 주에 중국에 들어가는데 책을 또 번역하려니 돈이 많이 필요하게 되었다. 부목사에게 뭐라고 하지도 못하고 속으로 걱정을 했다.

'줄 때 한꺼번에 주지. 또 이렇게 많이 가져왔어. 돈이 더 필요하니 큰일났네.'

뾰족한 수가 없이 며칠이 지났다. 일정대로 우리 교회에서 부흥회를 시작했다. 낮 예배를 시작하기 전에 전도사님 한 분이 나를 찾아왔다. 전도사님이 말하기를,

"제가 비상금으로 만든 돈이 있습니다. 그런데 기도하는데 '너 중국 책값으로 빨리 갖다 드려라.' 하는 생각이 들어서 이렇게 가져왔습니다."

그날로 책 문제가 다 해결되었다. 나는 누구에게도 책 번역하는데 돈이 더 필요하다고 말 한마디 하지 않았다. 아버지가 책값이 얼마 필요한지 미리 아시고 여종을 통해서 갖다 주셨다. 하나님께 너무 감사한 마음에 '아버지 고마워요.' 하고 기도했다. 목사인 나도 하나님이 주시면 너무 고마워서 저절로 '하나님 사랑합니다.'라는 말이 나온다. 그리고 주지 않으시면 하나님께 불평을 한다. 목사이고 그것도 나름대로 오랫동안 기도했다고 생각한 나도 하나님을 원망하는데 일반 성도들은 어떻겠는가.

하나님은 우리가 마음만 먹어도 다 아시는 분이다. 반드시 내 마음에 감동이 오거나 성령의 생각이 떠오를 때는 바로 순종해야 한다. 하나님이 나에게 교회 부지로 이렇게 어마어마한 땅을 주신 것도 그냥 주신 것이 아니다. 자녀들 다 시집, 장가보냈으니까 노후에 필요한 돈을 마련하려고 매달 적금을 들었다. 수년간을 적금을 부었더니 농협 직원이 "목사님 이걸 찾아서 은행에다 넣으면 매달 목사님 앞으로 350~400만 원이 나올 거예요."라고 알려 주었다. 12월 달이 적금 만기였다. 만기 때가 다가오자 자꾸 기도하는 데 감동이 온다.

'아들아 그 돈 모두 찾아서 교회 건축헌금으로 바쳐라.'

당해 보지 않은 사람은 그 속상함을 모를 것이다. 정말 괴로웠다.

'이 돈을 바치면 앞으로 노후는 어떻게 하나?'

앞으로 저축한 돈도 없이 살 생각을 하니 걱정이 앞섰다. 그런데도 감동이 와서 견디다 못해 오후 3시 예배 때 성도들 앞에서 선포를 해 버렸다.

"할렐루야, 성도님들 제가 이번에 적금을 탔는데 모두 다 교회 건축 헌금으로 바치겠습니다."

모두들 "아멘~" 하면서 박수를 치는데 정말 성도들이 꼴도 보기 싫을 정도로 싫었다. 자기 돈 아니라고 박수를 치는데 나는 속이 상해 죽을 것 같았다. 그 돈을 드리고 나면 나는 정말 아무 것도 없다. 생각해 보니 이 교회 땅을 살 때도 10원짜리 하나 없었는데도 하나님이 다 준비해 주셨다. 농협에서 돈을 빌려 주어서 샀다. 지금은 땅값이 몇 배나 뛰었다. 우리 힘으로 되는 게 없다. 다 하나님이 도와주셔야 한다.

한 번은 우리 교회가 주변에 어려운 사람 구제를 많이 한다고 소문이 나서 CTS 방송에서 취재를 나왔다. 취재 온 PD가 교회를 둘러 보더니 내게 물었다.

"목사님 이 비싼 땅을 어떻게 사셨어요?"

"아버지가 주셨죠."

"어떻게 주었어요?"

"알 거 없어요." 하고 대답했죠.

하나님은 나를 시험하시고 내가 그 시험을 통과하면 축복을 주신다. 그러므로 내 마음에 감동이 오거나 생각이 떠오르면 반드시 순종해야 한다.

성령님, 오늘은 어떤 넥타이를 맬까요?

대언

세 번째로 성령님은 입으로 하는 대언을 통해서 그 음성을 들려주신다. 방언 기도할 때 대언이 많이 나온다. 내가 방언으로 "아버지, 성전을 옮기는데 돈이 없습니다."라고 기도를 했다. 그런데 내 입으로 "아들아, 걱정하지 마라. 내가 널 위해서 다 준비했느니라."라고 방금 전 기도에 대한 응답이 나온다.

한 번은 방언으로 "아버지 이번 일은 돈이 많이 있어야 돼요."라고 기도했다. 역시 기도 후에 내 입으로 "걱정하지 마라. 내가 널 위해 50억을 준비했느니라." 하고 나도 모르게 우리말이 툭 튀어나왔다. 이처럼 기도할 때 갑자기 우리말로 하나님과 대화가 될 때가 있다. 그것이 바로 주님 주시는 말이다. 주님이 주시는 말을 믿고 성전도 세웠고 교회 땅도 살 수 있었다. 이처럼 하나님의 응답이 우리의 입을 통해서 온다.

우리는 하나님을 눈으로 직접 볼 수 없다. 사무엘하 2장 1절을 보면, 전쟁 중인 다윗 왕이 하나님과 대화하면서 하나님께 앞으로 어떻게 해야 할지를 묻는다. 그러자 하나님이 다윗에게 헤브론으로 가라고 대답해 주신다. 도대체 하나님과 어떻게 대화를 할 수 있을까? 이에 대한 설명이 다음 두 성경 구절에 나온다.

여호와의 영이 나를 통하여 말씀하심이여 그의 말씀이 내 혀에 있도다 (삼하 23:2).

여호와께서 그의 손을 내밀어 내 입에 대시며 여호와께서 내게 이르시되 보라 내가 내 말을 네 입에 두었노라(렘 1:9).

위 말씀에서 하나님께서 내 입을 통해 성령이 말씀하신다고 한다. 하나님이 영안을 열어 놓으시면 성경을 읽을 때 이런 구절이 보인다. 내 생각과 의지로 성경을 보면 이런 구절이 무슨 뜻인지 알지 못한다. 성령이 지혜를 주셔야 성경 구절을 보고 깨달음이 온다.

방언으로 기도하는데 갑자기 내 입에서 이런 말이 나왔다.

"염려하지 마라. 너는 다만 기도해라."

"네 아들을 너희가 낳고 키우는 것 같지만 네 아들을 만들고 키우는 것은 나밖에 없단다."

그 이후로 자녀에 대한 근심 걱정을 모두 내려놨다. 지금까지 자녀에게 이렇게 해라 저렇게 해라 왈가왈부하던 것을 멈추고, 하나님이 내 입을 통해 주신 말씀대로 자녀를 위해 기도했다. 내 의지로 가르칠 때는 그렇게 말을 듣지 않던 자녀들이 변하기 시작했다. 그때 이후로 자녀들이 스스로 하나님을 알아가면서 목사가 되고, 사모가 되고, 선교를 위해 사업을 하고 있다.

성령님, 오늘은 어떤 넥타이를 맬까요?

나도 자녀에 대해 잘 모른다. 오직 하나님만이 정확히 아시고 내 자녀가 가는 길을 예비하고 만드신다. 자녀에 대해 잘 알지도 못하는 내가 내 의지대로 자녀를 가르치려 했으니 하나님이 얼마나 답답해 하셨겠는가.

아내에 대해서도 마찬가지다. 나는 아내를 잘 모른다. 아내도 하나님이 만드신다. 아내가 마음에 들지 않으면 신세한탄을 한다.

'어쩌다 내가 저런 여자 만났나. 마포 영옥이를 만날 걸.'

아버지가 깨달음을 주신다.

'주제 파악을 해라. 이놈아! 너를 만들려고 내가 네 아내를 저렇게 강퍅하게 해 놓았다.'

하나님께서 아내에 대해 깨달음을 주셔서 아내에 대한 기도가 바뀌었다.

'이렇게 좋은 부인을 주시니 감사합니다.'

그렇게 기도하니 아내가 변화되기 시작했다. 정말로 하나님이 나를 만들려고 아내의 마음을 강퍅하게 하셨다. 아내를 통해 나를 훈련시키셨다. 하나님 밖에는 우리를 만들 분이 없다. 하나님이 만드신 내 가족을 함부로 정죄하고 판단하지 말아야 한다.

우리 어머니는 장로교회 권사님이다. 성경 말씀을 달달 외우시고 찬송 600여 곡을 다 외우다시피 한다. 평생 주를 위해서 혼자 사셨는데 어머니가 툭하면 아프셔서 주변에서 보기에 덕이 되지 못했다. 항상 아픈 어머니의 모습을 보면서 나도 모르게 입술로 어머니를 판단하고 정죄했다.

"어머니! 요즘 부흥강사들이 묵은 닭같이 아주 질겨가지고 목을 비틀어도 꿈쩍도 안 해요. 어머니도 묵은 닭처럼 왜 이렇게 뺀들뺀들 머리로만 믿으세요. 그러니 덕이 안 되잖아요. 어머니도 열심히 기도 좀 해 보세요."

어머니에게 빈정거렸다.

"안 되는데 어떻게 하냐. 이놈의 새끼야."

어머니도 신경질적으로 반응하셨다.

내가 정죄하고 어머니가 화내는 일이 습관적으로 반복되다가 어느 날 나도 모르게 어떤 생각에 깊이 빠졌다.

'내가 바리새인같이 어머니를 판단하고 정죄를 하고 있는 것은 아닌가?'

내가 어머니를 비판하고 정죄하는 바리새인이 된 것 같았다.

하루는 어머니와 함께 삼각산 민족제단에 올라가서 기도를 했다. 나는 바위 하나를 정해서 그곳에서 기도하고 어머니는 저 넘어 바위에서 기도하셨다. 내가 "아버지, 감사합니다." 하고 방언으로 기도를 했다. 한참을 기도를 하는데 성령의 음성이 들린다.

"이놈아! 네가 뭔데 내 딸을 판단하느냐? 네가 뭔데 내 딸을 판단해. 이 건방진 놈아?"

성령님, 오늘은 어떤 넥타이를 맬까요?

"아니, 왜요? 아버지."

"네가 내 딸에게 묵은 닭, 질긴 닭이라고 했지 이놈아! 왜 바리새인 같은 소리를 했느냐?"

"아니요. 어머니가 답답해서요."

"이놈아, 너 누가 은혜 주었냐?"

"아버지가 주셨죠."

"누가 너 변화시켰냐?"

"아버지가 변화시키셨죠."

"그런데 네가 뭐라고 내 딸에게 묵은 닭, 질긴 닭하고 건방지게 판단을 하느냐?"

그리고 내 입을 통해 기도가 나왔다.

"너는 이제 내 딸에게 아무 소리도 하지 말고, 다만 내 딸을 위해 중보기도만 해라."

"아버지 잘못했습니다."

지금까지 어머니를 정죄했던 것을 회개하고 어머니에게 갔다.

"권사님 잠깐 뵙겠습니다."

어머니 앞에서 무릎을 꿇었다.

"신금순 권사님! 제가 잘못했습니다. 권사님보고 묵은 닭, 질긴 닭이라고 한 것 잘못했습니다. 용서해 주세요"

어머니께 용서를 비니까 어머님이 서럽게 우신다.

"우리 아버지 밖에는 내 맘을 몰라." 하시면서 얼마나 대성통곡을 하시는지 모른다.

매일 술 마시고 사람 때리고 행패 부리던 아들이 어느 날 은혜를 받았다고 평생 하나님만 바라보고 살아온 어머니를 묵은 닭, 질긴 닭, 바리새인이라고 하는데 아주 치가 떨리셨다고 한다. 다시 어머니에게 용서를 빌었다.

"어머니! 제가 잘못했습니다. 다시는 그 소리 안 하겠습니다. 권사님, 용서해 주세요."

"알았다. 이제 되었다."

어머니가 용서를 받아 주셨다. 그때부터 어머니에게 안 좋은 말 한마디 않고 어머니를 위해 중보기도를 했다.

"하나님, 내게 은혜 주시고 나를 변화시켜 주신 아버지, 우리 사랑하는 신금순 권사님에게 영적인 은혜를 열어 주시고 영안을 열어 주세요. 아버지 음성을 들려주세요."

어머니를 위해 중보기도를 했더니 어머니가 하나님 음성을 듣기 시작하고 신유의 은사도 나타났다.

본인이 하나님의 음성을 듣는다고 "나는 하나님의 음성이 들리는데 너는 하나님의 음성이 안 들려?" 하고 내 옆에 사람들을 판단하면 안 된다. 이런 행동은 하나님 앞에 정말 큰 죄다. 전에도 언급했지만 남을 판단하는 것은 곧 자신이 심판자인 하나님이 되려고 하는 것이다. 남을 판단하지 말고 그들을 위해 기도하는 교인이 되어야 한다.

기도할 때 내 입으로 어머니를 위해 중보기도하라는 말이 나왔던 것처럼 하나님의 응답은 반드시 내 입을 통해서 온다. 방언으로 기도하는데 내 입에서 "사랑하는 내 종아 두려워하지 마라. 내가 널 위해서 다 준비했느니라."라는 말이 나온다. 그때 "아멘." 하고 그 말을 하나님의 말씀으로 인정하고 믿고 내디뎌야 한다.

방언할 때 감사한 마음에 또는 회개하는 마음에 눈물이 잘 나온다. 한 분이 애절하게 기도하는데 갑자기 본인 입으로 "내 딸아, 걱정하지 마라. 내가 네 남편을 열어 주고 앞길을 활짝 열어 주리라."고 말한 적이 있다. 또 한 분은 기도하는데 본인 입으로 "내가 네 남편을 사장으로 만들어 주리라."라는 말을 했다. 당시에 남편은 백수였다. 백수는 날마다 배를 깔고 텔레비전을 보는 게 백수란다. 보잘 것 없는 백수인 남편의 앞길을 열어 준다는 하나님의 응답에 지금까지 힘든 것을 다 잊고 감사의 눈물이 나온다. 그리고 정말 백수였던 남편을 하나님이 사장으로 만들어 주셨다. 그것을 보고 목사인 나도 놀랐다. 하나님은 무에서 유를 창조하는 분이시다.

내가 영이 살아 있으면 사탄이 꼭 가까운 사람을 통해서 나를 찔러 보게 한다. 아내도 내가 한참 영의 음성을 들을 때 얼마나 사탄이 역사했는지 모른다. 그때는 아내가 매일 세상적인 행동만 했다. 하도 답답해서 아내에게 소리쳤다.

"남들은 다 듣는데 왜 못 들어. 하나님 음성 못 들으면 들어올 생각도 하지마!"

그랬더니 아내가 오기가 생겼는지 지하실에 내려가서 소리를 치면서 기도를 했다.

"아버지, 다 듣는데 저만 못 듣는다고 절 내쫓았어요. 아버지!"

한참을 소리치며 기도하더니 잠잠해졌다. 아버지 음성을 들었나 보다. 하나님 음성을 들더니 "아버지, 아버지, 아버지." 하고 기도하는데 아버지로 시작해서 아버지로 끝나는 기도를 했다.

아내가 하나님의 음성을 들은 이후로 정말 많은 역사가 일어났다. 이것은 받은 자 밖에 모른다. 아내하고 영적으로 하나가 되니까 기가 막히게 모든 일이 착착 이루어지기 시작했다.

꿈을 통해 들리는 성령의 음성

네 번째는 꿈을 통해 성령의 음성이 들린다. 사도행전 2장 17절 말씀에서 하나님이 꿈을 통해 알려 준다고 하신다. 또 창세기 37장 5절 말씀에서 요셉이 꿈을 꾼다. 해와 달과 열한 볏단이 자기에게 절하는 꿈이다. 13년 만에 요셉의 꿈이 이루어졌다.

꿈을 무시하면 안 된다. 예를 들어 기도하시는 분들이 꿈을 꾸는데

성령님, 오늘은 어떤 넥타이를 맬까요?

어린 애를 안고 있거나, 죽은 사람이 보이고, 여우와 뱀 같은 것들이 나오면 아주 나쁜 꿈이다. 그런 꿈을 꾸면 꿈에서 깨자마자 막는 기도를 해야 한다.

"하나님! 제가 불길한 꿈을 꿨습니다. 아버지! 우리 집에 어떠한 시험이 다가올지 모르니 나사렛 예수 그리스도 이름으로 시험을 다 막아 주시고 지켜 주세요."

꿈에 집으로 목사님이 찾아와서 안수를 해 주거나, 바닷물이 넘쳐 오거나, 집에 불이 붙는 꿈은 좋은 꿈이다. 이때는 꿈을 통해 응답 받는 기도를 해야 한다.

"하나님! 우리 집에 주의 종이 오시면 주님이 오신 것 아닌가요? 물은 은혜를 말하고 불은 성령을 말하잖아요. 이러한 꿈이 우리 가정에 주시는 축복이라면 이것이 예수 이름으로 우리 가정에 축복이 그대로 임할 줄 믿습니다."

그러면 그 복이 그대로 그 가정에 임한다. 알아야 면장을 한다고 하나님이 꿈을 통해 알려 주셔도 무슨 뜻인 깨닫지 못하면 우환이 와도 막기가 어렵고 축복이 와도 받지를 못한다.

지금은 다른 교회로 가셨지만 우리 교회에 이북에서 온 여자 분이 있었다. 지금은 광명시에 살고 있다. 전라도 고창에서 부흥회를 할 때 강대상에 올라와서 노래를 하는데 아주 간드러지게 잘 했다. 북한에 살 때 부부간에 갈라서고 너무 먹을 것이 없어서 두만강을 건너 중국으로 탈출했다. 공산당에서 탈북자들을 잡으면 아주 잔인하게 죽이라고 지령이 내려왔다고 한다. 그래서 탈북자들이 잡히면 아주 잔인하게 죽인다.

전에 단둥을 다녀온 적이 있다. 단둥에서 들었는데 북한에서는 예수를 믿는 사람은 총알이 아깝다고 쇠망치로 머리를 깨트려 죽여 버린다고 한다. 예수 믿는 사람은 그렇게 다 죽이라고 지령이 내려왔고 그 내용이 북한 신문에도 났다고 한다. 탈북자들은 잡히면 그렇게 무척 핍박을 받는다.

이 성도가 예수를 알지 못하는데 탈출하기 전날 저녁에 꿈을 꿨다. 꿈에서 두만강을 건너가고 있었는데 갑자기 강에 빠졌다. 물에 빠져 허우적거리는데 처음 보는 할아버지가 다가오더니 자기를 건져 주면서 꿈에서 깼다. '참 이상한 꿈이다.' 하고 대수롭지 않게 생각했다. 한겨울에 많은 탈북자들이 물이 언 두만강을 건너서 북한을 탈출한다. 강을 건너가다 군인들에게 잡히면 코를 철사로 뚫어서 끌고 간다. 탈북자들이 잡히면 사람 취급을 안 한다.

북한 초청으로 북한의 교회에 간적이 있었다. 이북 교회 목사인 강영석 목사에게 탈북자 이야기를 넌지시 꺼냈더니 대뜸 이런 말을 했다.

"당을 배반한 놈은 다 찢어 죽여 버려야 됩니다."

목사가 그런 말을 거침없이 하는데 이 사람이 목사인가 의심스러울

성령님, 오늘은 어떤 넥타이를 맬까요?

정도로 섬뜩했다. 예수를 믿는 탈북자들은 쇠망치로 머리를 쳐서 죽여 버리라는 지명이 내려오니 얼마나 살벌한 곳인가.

단둥에 탈북자들을 돕기 위해 갔더니 이북 사람을 돕는 분이 있었다. 그런데 지금은 무서워 북한에 갈 수 없다고 한다. 우리 교회에도 우리의 도움으로 이북에서 탈북한 분이 있는데 북한이 진짜 그렇게 잔인하다고 한다.

이분이 두만강을 건너는데 건너편에 탈북자들이 군인에게 잡혀서 끌려가고 있었다. 그때 북한군이 강을 건너고 있는 자기를 보았다. 순간 '아이고 이제 나는 죽었다.' 하는데 군인이 자기 쪽을 한참을 쳐다보더니 그냥 갔다. 지금도 그때 탈북하는 자신을 본 군인이 왜 그냥 갔는지 이해를 할 수가 없다고 한다. 조심해서 두만강을 건너 중국으로 건너왔다. 날씨가 너무 추워서 어느 중국인 집에 들어갔다. 그 집에 들어가니까 벽에 할아버지 사진이 있었다. 잘 보니까 사진 속 할아버지가 꿈에 나왔던 할아버지였다. 나중에 알고 보니 바로 그 할아버지가 바로 예수님이셨다. 이분은 예수의 '예'자도 모르는 여자였는데 꿈에 예수님이 나타나서 두만강을 건너게 해 주셨다. 중국으로 넘어와서 한국 선교단체 도움으로 한국으로 넘어 왔다. 신림13동에 살 때 우리 교회에 와서 안수 받고 방언을 받아 하나님과 대화가 열렸다.

하나님의 응답은 꿈으로도 온다. 따라서 꿈을 꾼 후에 그냥 지나치지 말고 꿈 내용을 잘 이해해야 한다.

환상을 통해 들리는 성령의 음성

마지막 다섯 번째는 환상을 통해서 성령의 음성을 듣게 된다. 사도행전 16장 6-10절에서 성령이 사도 바울에게 환상을 통해 마게도냐 사람을 보여 주었다. 사도 바울은 환상을 통해 하나님의 뜻을 알고 아시아로 가려던 자기 의지를 접고 마게도냐로 갔다.

나도 영이 열려서 환상을 많이 본다. 어느 집에 들어가면 눈에 보이지 않는 숨은 것들을 환상을 통해 보여 주실 때가 있다.

봉천동에 있는 막내동생은 야구를 정말 좋아한다. 어느 날 막내동생이 야구공을 세게 던졌다. 그런데 그 공이 지나가는 84세 되신 할머니 옆구리에 맞았다. 할머니가 공에 맞자마자 쓰러지셨다. 선수들이 쓰는 야구공은 정말 단단하다. 그 공이 할머니 옆구리에 맞았으니 할머니가 쓰러져서 바로 119에 실려 갔다. 병원에서는 할머니가 오늘 저녁을 넘길 수가 없다고 한다. 우선 할머니를 퇴원시켜서 집에 모셔 드렸다. 그때는 내가 동산교회 옆에 살았다. 할머니 딸이 우리 집에 찾아왔다. 딸이 큰 교회 다니는 집사인데 와서 소리를 지른다.

"물어내란 말이야! 우리 엄마 죽는다고."

딱히 어떻게 할 방법이 없었다. 집에 장독대를 들어내고 만든 개인 기도실에 들어가서 기도를 했다.

"아버지 큰일났네요. 아버지 팔십 넘은 노인네를 공으로 쳐서 오늘 저녁 넘길 수가 없다는데 어떻게 해요? 하나님, 이걸 어떻게 하면 좋아요."

하나님의 응답이 왔다.

"아들아, 걱정하지 마라. 이게 다 사탄의 장난이다."

"아니, 아버지 야구공으로 맞았는데 뭐가 사탄의 장난이에요?"

"아들아! 아니다. 그 집에 가서 기도를 해 봐라. 그러면 그 딸이 괜찮아진다."

기도 응답을 받고 기도실에서 나왔다. 나왔더니 어머니는 울고 있고 그 할머니 딸도 울면서 소리를 지르고 난리가 났다.

"물어내란 말이야."

내가 물었다.

"할렐루야! 예수 믿으시죠?"

"저 집사예요."

"그러면 집사님 잠깐 집에 가서 기도 좀 하면 안 되겠습니까?"

"필요 없어요! 우리 교회 담임 목사님, 부목사님들이 다 와서 기도 했어요."

"물어내란 말이야!"

나이 육십이 된 여자 분이 소리를 빽빽 지른다.

"이것 보세요. 소리 지르지 마시고 죽으면 물어 줄 테니까 한번 가 보자고요!"

나도 화가 나서 소리를 지르면서 물어 준다고 했다. '죽어 봐야 학교가면 되지 뭐.' 하고 오기가 생겼다. 학교라고 하면 알겠지만 그때는 교도소를 학교라고 했다. 사과를 사서 다친 할머니 집으로 찾아갔다. 옆에서 우리 어머니가 울면서 따라오신다. 어머니는 눈물을 뚝뚝 흘리고 그 여자는 씩씩거리면서 할머니 댁에 갔다. 집으로 들어가서 할머니 얼굴을 보았는데 벌써 죽음을 앞둔 사람의 얼굴이다. 사람의 얼굴 보면 벌써 죽음이 보인다. 할머니가 하반신이 다 마비가 왔는지 허리가 돌아가지 않는다. 허리 위 상반신만 살아 있다. 그 모습을 보니 덜컥 겁이 났다.

'아이고! 괜히 물어 준다고 그랬나.'

괜한 말을 했나 하고 후회를 했다.

'까짓 것 죽으면 학교가 살지 뭐.'

다시 마음을 다부지게 먹었다.

할머니가 누워 있고 나하고 어머니가 앉았다.

할머니 옆구리에 대고 "아버지~" 하는데 내 눈에 환상이 보인다. 창문에 새끼로 만든 큰 함지박 그릇 안에 큰 뱀이 주리를 틀고 날 쳐다보고 있다. 내가 "네 놈이 그랬구나." 하고 방언으로 기도했다.

방언은 정말로 자신에게 유익이 된다. 마귀가 가장 무서워하는 것이 방언이다. 방언으로 기도하니까 뱀이 '쉭' 하고 사라져 버렸다. 내가 봐도 참 신기했다. 할머니 어깨를 붙잡고 "아버지! 감사합니다." 하고

성령님, 오늘은 어떤 넥타이를 맬까요?

방언으로 기도했다. 죽어 가던 할머니가 갑자기 기도하는 내 손을 탁 잡는다. 한번 그 상황을 상상해 보라. 깜짝 놀라서 진짜 애 떨어져 죽는다는 느낌을 그때 처음 알았다.

내 손을 잡더니 "아이고 시원하다."라고 하신다.

내가 "아버지~" 하고 방언으로 다시 기도했다.

"아들아 다 떠나갔다. 일으켜라." 하신다.

"예수님의 이름으로 기도합니다. 아멘~" 하고 기도를 마쳤다. 그러자 할머니가 벌떡 일어나 앉았다. 그리고 내 손을 잡으신다.

"손이 따뜻하고 좋네. 내일 또 와."

"할머니 저 못 와요. 이제 되었어요."

내가 간다니까 벌떡 일어나서 바깥까지 마중을 나왔다. 당장 죽는다던 할머니가 살아나서 지금도 이렇게 목회를 하고 있다.

영안이 열리면 반드시 하나님은 환상으로 응답해 주신다. 나는 환상으로 많은 응답을 받았다. 때로는 어떤 차를 사라고 아주 차 모습까지 다 보여 줄 때가 있고, 미국에 가기 전에 앞으로 미국에서 매일 사람의 얼굴 표정까지도 보여 주신다.

하나님의 응답에 집중

성령의 음성이 들렸을 때 명심해야 할 두 가지가 있다.

첫째, 내게 하나님의 응답이 왔을 때 내 생각보다는 하나님 생각에 초점을 맞추어야 한다. 창세기 22장에서 아브라함이 100세에 이삭을 낳았다. 어느 날 하나님이 아브라함에게 이삭을 바치라 하신다. 자녀를 주시고 다시 바치라니 사람의 생각으로는 도저히 이해가 되지 않는 상황이다. 하지만 아브라함은 순종하고 큰 복을 누렸다.

성령의 지시에 순종하기 위해서는 응답이 왔을 때 내 생각에 초점을 두지 말고 하나님 생각에 초점을 맞추어야 한다.

아브라함은 보통 믿음이 아니었다. 로마서 4장 17절 말씀처럼 아브라함은 민족의 조상이 될 만한 큰 믿음을 가진 분이다. 아브라함은 하나님이 죽은 자를 살리시며 없는 것을 있게 하시는 분이라는 것을 믿었다. 나이가 백세인 자신에게 이삭을 주신 하나님이 이삭을 죽여도 또 주실 것이라는 믿음이 있었다. 우리도 그런 믿음이 있어야 한다.

하나님에게 어떤 응답이 왔을 때 사람의 생각에 비중을 두지 말고 하나님 생각에 비중을 두고 생각해야 한다. 원주에 곽 집사가 광고비, 목사님 사례비를 헌금하라는 응답이 왔다. 본인 생각으로는 방앗간이 장사가 안돼 형편이 어려운 것을 뻔히 아시는 하나님이 그 큰돈을 헌금하라 하시니 이해할 수가 없었다. 그러나 자신의 생각을 버리고 하

성령님, 오늘은 어떤 넥타이를 맬까요?

나님께 초점을 맞추고 하나님 응답에 순종했다. 그러자 기적적으로 남편에게 전혀 생각지도 못한 새로운 사업이 열리면서 축복을 받는 자가 되었다. 앞으로 어떤 응답이 왔을 때 사람 생각에 비중을 두지 말고 하나님 생각에 비중을 두고 해야 한다. 그래야 아버지가 축복하신다.

둘째, 하나님의 응답이 왔을 때, 자신의 행동을 조심해야 한다. 현실에 맞지 않는 응답이 왔을 때 원망, 불평을 해서는 안 된다. 예수님이 갈릴리 가나한 혼인잔치에서 어떻게 기적을 행하셨는지를 보자.

> 사흘째 되던 날 갈릴리 가나에 혼례가 있어 예수의 어머니도 거기 계시고(요 2:1).

> 예수께서 그들에게 이르시되 항아리에 물을 채우라 하신즉 아귀까지 채우니 이제는 떠서 연회장에게 갖다 주라 하시매 갖다 주었더니 (요 2:7–8).

혼인 잔치 중간에 포도주가 다 떨어졌다. 예수님의 어머니가 예수님에게 "예수님, 포도주가 다 떨어졌습니다."라고 하자 예수님이 항아리에 물을 붓고 연회장에 갖다 주라 하신다. 포도주가 떨어졌는데 물을 갖다 주라니 우리가 생각하기에는 말도 안 되는 상황이다. 그런데 불평하지 않고 그대로 순종했더니 물이 변해 포도주가 되었다.

현실에 맞지 않는 어떤 응답이 왔을 때 '내가 이거 잘못 받았나? 악령을 받았나?' 이렇게 말하면 안 된다. 반드시 그 안에는 하나님의 큰 뜻이 있다는 것을 명심해야 한다. 하나님은 무에서 유를 창조하시는 분이다. 하나님이 무엇인가 큰 축복을 주려고 하실 때는 그런 응답이 있다는 것을 알아야 한다.

하나님은 32,500가지의 시험을 하신다. 시험이 왔을 때 불평 불만 하지 않고 믿음으로 이를 통과해야 복을 주신다. 하나님은 마음만 먹어도 갖다 주신다. 멋쟁이 하나님은 내가 구하기도 전에 내게 필요한 것을 알고 계신다.

성령님, 오늘은 어떤 넥타이를 맬까요?

나는 지금 어느 위치에 있는가?

이 교회에 온 지 벌써 햇수로 6년이라는 시간이 흘렀다. 처음 이 교회에 왔을 때 나는 내 힘으로 감당할 수 없는 너무 큰 문제와 마음의 상처를 가지고 왔다. 아무리 몸부림을 쳐도 어떻게 할 수 없는 산적한 문제들이 나를 가로막고 있었다.

6년이라는 시간이 흘렀지만 내가 겪었던 많은 외적인 문제들은 지금도 그대로 남아 있다. 그렇다면 변화된 것이 없다는 말인가. 아니다. 나는 너무나 많이 변했다. 신앙이 전혀 없던 6년 전의 내 모습과 신앙을 갖게 된 지금의 나의 모습은 마음과 행동에서 정말 많이 변했다. 학창 시절과 신앙을 갖기 전에 나에 대해 잘 알던 사람들이 "어떻게 네가 그렇게 변할 수 있냐?"라고 말할 정도로 나에게 어마어마한 변화들이 생겼다.

우리말에 사람이 변하면 죽을 날이 얼마 남지 않았다는 말이 있는데 그렇게 치면 나는 벌써 7-8번은 죽었어야 했다. 그만큼 이 교회와 목사님 그리고 성령의 인도함으로 나에게는 정말 많은 변화가 일어났다. 하지만 아직도 나의 변화는 현재진행형이다.

성령님, 오늘은 어떤 넥타이를 맬까요?